Stories

Dmitry Grigorovich

Повести

Дмитрий В. Григорович

Stories

ISNB: 978-1-60444-905-1

Повести

ISNB: 978-1-60444-905-1

НЕДОЛГОЕ СЧАСТЬЕ

I

Въ первой половинѣ сентября, два чиновника, - Ефремовъ и Социперовъ, - возвращаясь домой изъ департамента, проходили по средней, главной аллеѣ Лѣтняго сада.

Садъ казался совершенно пустымъ. Чиновники не стѣсняясь, громко разговаривали, разсѣянно поглядывая на деревья; ихъ мало, повидимому, занимало дѣйствіе осени, которая, между тѣмъ, на всемъ уже сильно чувствовалась.

Деревья стояли наполовину обнаженными; верхушки ихъ, совсѣмъ голыя, уныло чернѣли на сѣромъ небѣ съ двигающимися дождевыми тучами. Въ нижней части оставалась еще кое-гдѣ зелень; но и ее повсюду донималъ желтый листъ, смотрѣвшій въ свою очередь сморщеннымъ, раскислымъ, мѣстами тронутымъ точно ржавчиной; онъ отпадалъ безжизненно при малѣйшемъ колебаніи воздуха. Вокругъ все было тускло, сыро, непривѣтливо. Единственнымъ свѣтлымъ пятномъ выставлялось со стороны Царицына луга мокрое шоссе; выдѣляясь бѣловатой, грязно-серебристой полосой, оно рѣзко било въ глаза между стволами старыхъ липъ, почернѣвшихъ отъ дождей; по шоссе тащился, сильно надавливая щебенку, возъ, навьюченный домашнимъ скарбомъ запоздавшаго дачника. Дальнѣйшіе предметы принимали неопредѣленный обликъ, уходили въ сырую, липкую мглу, непріятно проникавшую въ бакенбарды и осыпавшую одежду влажной пылью.

Словомъ, наступила та пора, когда жизнь снова переливаетъ въ городъ, когда окрестность глохнетъ и вымираетъ, дачи уныло посматриваютъ своими заколоченными ставнями на клумбы съ повалившимися и почернѣвшими георгинами, - когда коренной житель Петербургской Стороны, вставъ утромъ и взглянувъ въ окно, дребезжащее отъ мелкаго дождя и вѣтра, обращается къ женѣ и говоритъ ей: "Ну, душенька, дождались: пошла теперь эта кислота!.."

Но возвратимся къ Ефремову и Социперову, продолжающимъ отпечатывать подошвы на сырой дорогѣ Лѣтняго сада.

- Скажи мнѣ на милость, что же дешево въ Петербургѣ? - Все дорого! говорилъ Ефремовъ, очевидно продолжая начатый разговоръ, - видишь: хожу до сихъ поръ въ какой покрышкѣ! прибавилъ онъ, сымая плетеную изъ цвѣтной соломы шляпу, причемъ на головѣ его дыбомъ поднялась туча сухихъ волосъ цвѣта перца съ солью, - собирался вчера купить картузъ:- семь рублей! Приступу ни къ чему нѣтъ! Все дорого! Что у насъ дешево?..

- Ну, теперь пошелъ!.. Пошелъ, - благо попалъ опять на любимую точку, перебилъ Социперовъ, - человѣкъ также съ просѣдью, но завистливаго, сухощаво-желчнаго вида и постоянно кусавшій ногти, даже когда стоялъ во время доклада за стуломъ директора.

Наружность Ефремова представляла совершенно противоположный типъ, и внѣшность вполнѣ отвѣчала характеру.

Это былъ человѣкъ лѣтъ пятидесяти, рослый, тучный, съ лицомъ круглымъ какъ полный мѣсяцъ, - но, вопреки сходству. отражавшимъ не меланхолію, а веселость, свѣжесть и здоровье. Ребенкомъ онъ былъ, безъ сомнѣнія, то что называютъ: кровь съ молокомъ. Къ выраженію веселости прибавляли въ значительной степени: вздернутый коротенькій носъ, разсѣченный на кончикѣ, большіе сѣрые глаза на выкатѣ, какъ у лягушки, и безпечная, размашистая походка, сообщавшая его животу безпокойное колебаніе изъ стороны въ сторону. Двигая на ходу толстыми руками, Ефремовъ никогда, повидимому, не довольствовался числомъ пріятныхъ собесѣдниковъ, но всегда какъ бы порывался впередъ и выпучивалъ глаза, стараясь пріискать новаго весельчака. Когда таковой показывался, лицо Ефремова вдвойнѣ начинало сіять отъ удовольствія, одышка усиливалась отъ нетерпѣнія, голосъ хрипѣлъ какъ труба старой шарманки передъ началомъ аріи и толстыя его губы заблаговременно складывались подушечкой, приготовляясь къ сочнымъ поцѣлуямъ; онъ цѣловалъ обыкновенно въ-засосъ, крѣпко зажимая въ обѣ щеки, неизбѣжно влеплялъ всегда три поцѣлуя, - мало озабочиваясь тѣмъ, нравилось или нѣтъ такое выразительное изъявленіе радостныхъ чувствъ.

- Толкуй, потѣшайся! продолжалъ Социперовъ, - какъ ни дешевы, по-твоему, эти статскіе и дѣйствительные, нѣтъ однакожъ города въ цѣломъ свѣтѣ, гдѣ бы они имѣли столько значенія!.. Да, любезнѣйшій, сколько ни вертись, сила въ нихъ и ни въ комъ другомъ;- сила, такъ сказать, роевая, стихійная! За что ни возьмись, куда ни сунься, вездѣ ихъ найдешь: сверху, снизу, съ боковъ...

- Даже носомъ тянешь вмѣстѣ съ воздухомъ! - слышишь: гарью пахнетъ! смѣясь перебилъ Ефремовъ, опахивая шляпой лицо, раскраснѣвшееся какъ въ полѣ.

Онъ самодовольно тряхнулъ крутыми плечами, вынулъ изъ бокового кармана лопнувшую кожаную сигарочницу съ вылѣзающими отовсюду толстыми папиросами и, подавая одну изъ нихъ товарищу, спросилъ:

- Хочешь исходящую?..

2

- Спасибо; только что курилъ, отвѣчалъ тотъ, раздраженно кусая ногти.

Ефремовъ втянулъ въ себя цѣлое облако дыма, подержалъ его между выпученными щеками, плотно сжавъ губы, и продолжалъ, выпуская дымъ подъ носъ маленькими струйками:

- На всё твои доводы, скажу, братецъ, слѣдующее: кому какъ! Для меня, напримѣръ, чинъ дѣйствительнаго - то же, что петля на шею... Постой, Семенъ Семеновичъ, не перебивай, дай сказать: - именно петля! На-дняхъ еще директоръ говоритъ мнѣ: "Воля ваша, Петръ Никаноровичъ, такъ невозможно; вы, говоритъ, одиннадцать лѣтъ сидите безъ производства; что жъ, наконецъ, другіе скажутъ?.." - "Христомъ Богомъ, говорю, оставьте меня, ваше превосходительство, на прежнемъ положеніи; отъ этого, говорю, зависитъ судьба семейства!" - "Съ вами, говоритъ, ничего видно не подѣлаешь, - оставайтесь, коли такая охота!.." И въ самомъ дѣлѣ, вникни: теперь я секретарь; мѣсто штатное; кромѣ жалованья по окладу, получаю изъ остаточныхъ суммъ добавочныя, квартирныя, выдаютъ на воспитаніе дѣтей. Произведутъ въ дѣйствительные, съ того дня: тю-тю секретарство! Скажутъ: "Нѣтъ, брать, шутишь, не по чину; ступай къ тетенькѣ!" - "Куда, спросятъ, дѣвать новаго генерала?" - "Валяй его въ заштатные!" Съ протекціей причислятъ тебя къ какой-нибудь комиссіи... для сокращенія комиссій... Простись тогда, душка Петръ Никаноровичъ, съ окладомъ и другими блезирами изъ остаточныхъ!- "Нѣтъ, скажутъ, здѣсь не полагается!" Вотъ тебѣ и выгода вся отъ вашего превосходительства!

- Я касался не только по служебнымъ отношеніямъ; я главнымъ образомъ говорилъ о значеніи чина въ общественномъ смыслѣ...

- Въ общественномъ! Скажите, какая невидаль!

- Глумись! Глумись!.. Фактъ тотъ, однакожъ, что дѣйствительный представляетъ нѣчто въ самомъ дѣлѣ, дѣйствительно существующее, тогда какъ безъ этого предоставляется развѣ только право на существованіе...

- Существую, однакожъ, видишь!.. произнесъ Ефремовъ, выпучивясь на ходу и похлопывая по животу, который загудѣлъ при этомъ какъ пустая бочка, - съ однимъ развѣ можно согласиться; очень ужъ лестно: до дѣйствительнаго живешь такъ себѣ, хлѣбъ жуешь, какъ мы теперь, грѣшные; - ну, а какъ произведутъ, - съ того самаго дня начнешь считать себя умнѣе другихъ! "Мелюзга, значитъ, всё остальные!.." Но жъ, наконецъ, скажи на милость: неужто въ самомъ дѣлѣ тебѣ такъ ужъ этого хочется? спросилъ онъ, насмѣшливо поглядывая на товарища.- Знаешь что? подхватилъ онъ, недождавшись отвѣта, - прибѣгни къ извѣстному способу, вѣрнѣе нѣтъ: насаливай всѣмъ и каждому!

- Хорошъ способъ, нечего сказать...

3

- А что жъ - дуренъ? Повторяю: нѣтъ его вѣрнѣе! Когда надоѣшь до тошноты, - такъ надоѣшь, что не будутъ знать что съ тобою дѣлать, - непремѣнно произведутъ... чтобы скорѣе отдѣлаться; безъ особой протекціи позаботятся даже перевести въ другое вѣдомство... Такъ сдѣлалъ Худосокинъ; такъ сдѣлали Чирковъ и Вафлинъ; всѣ теперь дѣйствительные!

Социперовъ не обижался выходками Ефремова, потому что никто этого не дѣлалъ въ департаментѣ по привычкѣ считать Ефремова малымъ хотя и распущеннымъ, но, въ сущности, добрякомъ и забавникомъ. Глядя, однакожъ, съ какимъ увлеченьемъ кусалъ онъ ногти, можно было думать, разговоръ съ сослуживцемъ задѣвалъ чувствительное мѣсто его тайныхъ побужденій. Грызть ногти было потребностью, выражавшей внутреннее состояніе его духа, безпокойно и постоянно съѣдаемаго завистью. Виною всему былъ младшій братъ Социперова, сдѣлавшій неожиданно видную карьеру. Послѣднее произошло слѣдующимъ образомъ: тогдашній министръ, подписывая бумаги, имѣлъ привычку оканчивать подпись красивымъ завиткомъ. Сдѣлавъ однажды такой завитокъ и какъ бы полюбовавшись имъ, министръ обратился съ пріятной улыбкой къ директору и сказалъ: "quelle belle plume!.." Перо въ тотъ разъ чинилъ регистраторъ Социперовъ младшій. Его немедленно приставали спеціально къ такой должности. Когда министръ поѣхалъ дѣлать обзоръ по Россіи, - Социперовъ находился уже въ числѣ сопровождающихъ. Зимою, послѣ того какъ онъ у камердинера министра окрестилъ сына, - его еще замѣтнее выдвинули; вскорѣ онъ сдѣлался необходимымъ лицомъ; ему давали разныя домашнія порученія; жена министра посылала его въ кондитерскую за буль-дегомами для дѣтей. Два года спустя, министръ поручилъ ему осмотрѣть и обревизовать контору собственнаго имѣнья. Съ тѣхъ поръ и пошло и пошло; - чѣмъ дальше, тѣмъ успѣшнѣе. Теперь Социперовъ младшій былъ въ чинѣ дѣйствительнаго статскаго совѣтника и дѣятельно хлопоталъ о придворномъ званіи, которое, но его мнѣнію, должно было окончательно установить его въ избранномъ обществѣ. Социперовъ старшій, испытавъ безполезность прибѣгать къ протекціи брата, ненасытность котораго сравнивалъ всегда съ аравійскимъ пескомъ: сколько въ него ни лей, - все мало, - пускался летать на собственныхъ крыльяхъ; онъ пробовалъ втираться въ разныя благотворительныя общества, имѣя передъ глазами разительные примѣры скораго выдвиганія на этомъ выгодномъ поприщѣ; пробовалъ даже сдѣлаться членомъ комитета сиротскаго училища, учрежденнаго спеціально съ цѣлью доставлять членамъ случай ходить съ докладомъ къ вліятельнымъ сановникамъ и черезъ нихъ пробиваться къ высшимъ должностямъ, - ничего не помогло. Онъ очевидно или не нравился

4

дамамъ-попечительницамъ или просто не умѣлъ какъ слѣдуетъ угождать и поддѣлываться, что - мимоходомъ сказать, - совсѣмъ происходило противъ его воли.

Его вообще не долюбливали въ департаментѣ. Одинъ Ефремовъ сходился съ нимъ чаще другихъ, и то потому больше, что рѣшительно не понималъ, чтобы можно было кого-нибудь особенно любить или не любить.

Въ глазахъ Ефремова, - какъ самъ онъ выражался: "всё одинаково не стоили кошачьяго хвоста передъ добрымъ кускомъ кулебяки съ сижкомъ и вязигой, благородной бутылкой вина и честной сигаркой!" Ефремовъ принадлежалъ къ числу чиновниковъ случайныхъ, попавшихъ на службу потому, что въ данную минуту не оказалось другого поприща къ существованію, и оставшихся на мѣстѣ частью по привычливости нрава, частью по лѣни. Сѣлъ, такъ ужъ скучно какъ-то передвигаться. Онъ опредѣлился въ департаментъ по выходѣ изъ университета, вскорѣ женился, - женился, какъ самъ говорилъ: "не зная для какого лысаго бѣса", - и прижилъ тѣмъ не менѣе цѣлую ораву дѣтей. Но семья и департаментъ никогда собственно не были прямою цѣлью его жизни; то и другое осуществляло горькую необходимость. Цѣлью жизни Ефремова были: закуска, трактиръ, веселая компанія.

Всѣмъ возможнымъ статскимъ и другимъ совѣтникамъ предпочиталъ онъ кружокъ мелкихъ актеровъ, художниковъ и другихъ незатѣйливыхъ, но безцеремонныхъ и разбитныхъ, веселыхъ малыхъ. Онъ никогда не колебался между необходимостью заказать новое пальто или отдать послѣднія деньги за членскій билетъ въ купеческій клубъ - гдѣ по его словамъ: "готовили осетрину съ оливками и грибной подливкой какъ нигдѣ во всей вселенной!" Отправляя въ департаментѣ служебныя обязанности, онъ неожиданно подходилъ то къ тому, то къ другому изъ товарищей и, чмокая сластолюбивыми губами, сообщалъ, таинственно припадая къ уху: "Приходите-ка, батенька, сегодня въ Малый-Ярославецъ; сегодня борщъ съ потрохами и вотрушки!!..." или вдругъ отрывался отъ дѣловой бумаги, дѣлая такое замѣчаніе: "Вчера, господа, подали мнѣ у Палкина бифштексъ; повѣрите ли, вотъ: подушка! страсть просто!..." Онъ обижался, когда въ такихъ случаяхъ начинали надъ нимъ подшучивать, - хотя, надо сказать, никогда ни на комъ не срывалъ сердца; онъ отходилъ только съ разочарованнымъ видомъ и задумчиво принимался читать какой-нибудь докладъ.

Къ нему, впрочемъ, всѣ относились снисходительно; многіе даже любили его за всегдашнюю податливость и веселость. Безъ него не обходилась ни одна пирушка, ни одна свадьба, ни даже похороны, если только послѣднія оканчивались поминкой. Въ трактирахъ онъ состоялъ на

5

пріятельской ногѣ не только съ хозяевами, но зналъ всѣхъ конторщиковъ и половыхъ и называлъ послѣднихъ обыкновенно уменьшительными именами: "Васенька, Петрушечка, Калистратушка... отрѣжьте-ка, голубчикъ, вотъ отсюда съ жиркомъ, пожалуйста"...

Само начальство снисходительно на него смотрѣло, "человѣкъ семейный, не умѣвшій сдѣлать себѣ никакого положенія; дѣтей куча. По службѣ исправенъ. Внѣшній видъ могъ бы быть кончено благопріятнѣе; но семья! тѣсныя обстоятельства; - трудно требовать!" разсуждало начальство, не столько конечно руководясь въ этомъ случаѣ сердобольнымъ увлеченіемъ, сколько взглядомъ, почерпнутымъ изъ привычки заботливо и постоянно оберегать собственные интересы. Внѣ должности Ефремовъ терпѣть не могъ говорить о службѣ и департаментѣ. Онъ отзывался о послѣднемъ даже непочтительно.

- Ну ужъ, Петръ Никаноровичъ, сказалъ, встрѣтясь съ нимъ въ ресторанѣ, заѣзжій господинъ, приходившій по дѣламъ въ департаментъ, - три дня сряду прихожу къ вамъ въ два часа, - ни души; во всемъ департаментѣ только одни сторожа...

- Напрасно жалуетесь; теперь очень хорошо, возразилъ Ефремовъ.

- Ну ужъ хорошо, - нечего сказать!..

- Вы бы лучше лѣтомъ пришли...

- А что?

- Тогда совсѣмъ никого не бываетъ.

Господинъ пожалъ плечами, искоса поглядывая на Петра Никаноровича; но Петръ Никаноровичъ, какъ ни въ чемъ не бывало, продолжалъ съ увлеченіемъ уплетать ветчину, заливая ее при-мадерой, захваченной по дорогѣ въ погребѣ Шита. Онъ жалѣлъ только, что въ эту минуту не находилось добраго товарища, чтобы разсказать скоромный анекдотъ, отъ котораго чесался языкъ, и затѣмъ, увлечь его къ нѣмцамъ въ общество "Пальма", гдѣ въ этотъ вечеръ должны были играть двѣ цитристки, только что пріѣхавшія изъ Риги. Плевать хотѣлъ онъ на тѣхъ, кто совался говорить "по дружбѣ", что съ его способностями онъ могъ бы сдѣлать карьеру и пойти куда какъ далеко, вмѣсто того что-жъ?- "весь пошелъ только въ животъ!"

- Ну, и пошелъ въ животъ, зато видишь: круглый! не чета твоему! заключалъ Ефремовъ, раздувая щеки, выбритыя всегда какъ у актера.

Продолжая бесѣдовать, Ефремовъ и Социперовъ незамѣтно подходили къ той части аллеи, гдѣ начинаются бюсты и статуи, когда послѣдній, неожиданно остановивъ товарища, указалъ ему на одну изъ боковыхъ аллей сада.

- Ба! да это никакъ нашъ Чемезовъ? сказалъ Ефремовъ, пристально всматриваясь, - три дня въ департаментъ не ходитъ, больнымъ сказывается, а самъ, голубчикъ, изволитъ прогуливаться въ Лѣтнемъ саду... Гм! пришелъ должно-быть тоску разогнать. Еще въ апрѣлѣ жена умерла, теперь сентябрь, - и все, сдается мнѣ, забыть не можетъ! Чудеса, право! Сто разъ говорилъ ему: оставьте, пренебрегите, воротить назадъ невозможно, - не беретъ! Даже похудѣлъ... ей-Богу! Надо пойти поговорить съ нимъ...

- Оставь его. Пожалуй на пароходъ опоздаемъ...

- Еще перваго свистка не было. Нѣтъ, надо пойти, поговорить; хотя и не нашего прихода, - все же, братецъ, товарищъ... заключилъ Ефремовъ, увлекая Социперова въ боковую аллею, по которой, шагахъ въ двадцати, и спиною къ нимъ, медленно выступалъ человѣкъ маленькаго роста.

Услышавъ за собою шаги, онъ обернулся и, казалось, очень пріятно былъ пораженъ неожиданной встрѣчей. Онъ овладѣлъ однакожъ собой; въ углахъ рта оставалось только подергиванье, свойственное нервнымъ людямъ, когда они чѣмъ-нибудь недовольны.

Какъ всѣ мужчины мелкаго сложенія, Чемезовъ казался гораздо моложе своихъ лѣтъ. Стоя за его спиной, можно было биться объ закладъ, что передъ вами молодой человѣкъ, еслибъ не выдавала сильная просѣдь на коротко остриженномъ затылкѣ. Лицо не оставляло уже. сомнѣнія, что передъ вами человѣкъ, перевалившій за сорокъ, и кромѣ того, болѣзненный, нуждающійся въ нравственномъ спокойствіи. Подтвержденіемъ этому служили сѣроватый цвѣтъ кожи, коричневый обводъ вокругъ глазъ, множество преждевременныхъ морщинокъ на вискахъ и на щекахъ. Нѣкоторые внѣшніе признаки прибавляли къ такому впечатлѣнію: судорожное движеніе въ коротенькихъ, какъ бы съеженныхъ чертахъ, низкій, упрямый, настойчивый лобъ, маленькія уши, крѣпко прижатыя къ головѣ, черные глаза съ желтизною въ зрачкахъ, замѣтно старавшіеся избѣгать прямого взгляда, - все это съ перваго раза отдаляло мысль отъ характера открытаго, готоваго иногда распахнуться и проявить веселость. Выраженіе внутренняго, сосредоточеннаго чувства казалось застывшимъ на лицѣ его. Въ самой походкѣ его было что-то сдержанное; склоняя на ходу лѣвое плечо нѣсколько на-бокъ, онъ постоянно какъ бы отчего-то отстранялся. Одни считали Чемезова гордецомъ, другіе человѣкомъ крайне щепетильнымъ, обидчивымъ, старавшимся избѣгать возможность непріятныхъ столкновеній. Вѣрнѣе всего было то, что наружность его почему-то менѣе напоминала чиновника, чѣмъ въ Ефремовѣ и Социперовѣ, - даромъ что первый былъ похожъ на отставного стараго актера, второй на человѣка неопредѣленнаго званія, - всего скорѣе служащаго по сыскной части.

- Батенька, какими судьбами! Мы думали, вы больны, Алексѣй Иванычъ! воскликнулъ Ефремовъ, протягивая руку.

7

Чемезовъ неторопливо подалъ руку обоимъ сослуживцамъ.

- Мнѣ дѣйствительно нездоровилось; сегодня вышелъ въ первый разъ, произнесъ онъ, - мнѣ на домъ не приносили никакихъ бумагъ; у насъ нѣтъ ничего новаго? добавилъ онъ, очевидно съ тѣмъ, чтобы сказать что-нибудь.

- Какія, батенька, новости, все та же канитель!

- Баклановъ умеръ! проговорилъ Социперовъ.

- Ахъ, да, я и забылъ: умеръ; - завтра хоронятъ! подтвердилъ Ефремовъ.

- Вѣроятно это очень огорчило директора, равнодушно сказалъ Чемезовъ, - онъ и Баклановъ были друзьями съ дѣтства...

- Отмѣнно огорчился! смѣясь возразилъ Ефремовъ, - вчера приходитъ экзекуторъ, докладываетъ ему: "генералъ Баклановъ, говоритъ, скоропостижно скончался сегодня ночью, ваше превосходительство". Онъ, душка, глазкомъ не мигнулъ; сказалъ только: "Распорядитесь скорѣе, чтобы заняли его квартиру; она какъ разъ, говоритъ, подъ моимъ кабинетомъ; скоро зима; квартира останется нетопленною - въ кабинетѣ совсѣмъ замерзнешь!" Да, эти душки директоры оберегаютъ-таки себя, нечего сказать!.. Не то, что вы, напримѣръ, Алексѣй Иванычъ, заключилъ Ефремовъ, перемѣняя шутливый тонъ на сердобольный, - эхъ, голубчикъ, перестаньте! На себя только посмотрите...

- Да, Алексѣй Иванычъ; съ весны, вы, дѣйствительно, очень перемѣнились... счелъ долгомъ вставить Социперовъ.

Чемезовъ не стѣсняясь начиналъ уже выказывать знаки нетерпѣнія. Но Ефремовъ принадлежалъ къ числу говоруновъ и трудно было удержать его, когда языкъ приходилъ въ движеніе. Онъ продолжалъ утѣшать, совѣтовалъ о необходимости забыть, пренебречь, развлечься.

- Книжки, Алексѣй Иванычъ, которыя вы сочиняете, - это, повѣрьте, теперь для васъ всего хуже!- только мысль сосредоточиваетъ; именно: сосредоточиваетъ! Департаментъ подбавляетъ также не мало унынія... Прежде всего, вѣрьте мнѣ: развлеченье! Дома, напримѣръ, ни за что не обѣдайте: больше какъ-то напоминаетъ! ходите въ рестораны, въ трактиры; запишитесь въ клубъ, вечеромъ идите въ театръ, благо есть у васъ на что покупать билеты... Не всякій ли день, наконецъ, видимъ мы людей въ вашемъ положеніи! Быть вдовцомъ, подхватилъ Ефремовъ неожиданно развеселясь, - быть вдовцомъ! Помилуйте, да это самое милое, любезное положеніе; для такой цѣли можно, пожалуй, второй разъ жениться, ей-Богу!..

Въ эту минуту со стороны Невы послышался пароходный свистокъ. Ефремовъ поднялъ носъ, потянулъ воздухъ какъ легавая собака и, торопливо пожавъ руку Чемезову, зашагалъ къ рѣшеткѣ. Увидѣвъ подоспѣвшаго Социперова, кусающаго ногти, онъ спросилъ только: "Вкусно ли?" и когда тотъ фыркнулъ что-то подъ носъ, разразился смѣхомъ, отъ котораго запрыгалъ его животъ и побагровѣли щеки.

Встрѣча съ сослуживцами непріятно подѣйствовала на Чемезова. Онъ находился въ томъ, болѣе или менѣе всѣмъ знакомомъ состояніи духа, когда вдругъ отпадаетъ охота говорить и думаешь о томъ только, какъ бы избавиться отъ докучливости. Съ такой цѣлью сказывался онъ три дня больнымъ и, какъ только наступалъ вечеръ, отправлялся въ Лѣтній садъ. Тамъ рѣдко теперь можно было кого-нибудь встрѣтить.

Чемезовъ былъ большой домосѣдъ; но послѣ кончины жены домашняя жизнь ему опостыла. Бывали дни, - какъ сегодня, напримѣръ, - когда одинъ видъ квартиры дѣлался невыносимымъ, хотѣлось уйти куда-нибудь подальше. Съ мыслію о потерѣ жены онъ мало-по-малу начиналъ свыкаться; но вмѣстѣ съ нею неизбѣжно всегда соединялись воспоминанія всего лучшаго, всего свѣтлаго, пережитаго въ жизни. Когда они приходили на умъ, онъ ничего не дѣлалъ, чтобы отстранить ихъ, - хотя самъ каждый разъ чувствовалъ себя подъ гнетомъ мучительной тоски. Страдая больше всего одиночествомъ, Чемезовъ, въ такіе дни, нетерпѣливо всегда желалъ уединенья.

Такъ и теперь было. Отдѣлавшись отъ докучливой встрѣчи, онъ отошелъ въ глухую часть сада и сѣлъ на скамью. Горечь воспоминаній, казалось, еще сильнѣе имъ овладѣла. Выраженіе ѣдкой грусти пробѣгало иногда по лицу его; грудь подымалась, подавляя вздохи.

Недавно еще просидѣлъ онъ такимъ образомъ до поздней ночи. На этотъ разъ вѣроятно произошло бы то же самое, если бъ не помѣшалъ дождикъ. Чемезовъ приподнялся съ мѣста и медленно направился къ выходу.

Начинало смеркаться. Сумерки ускорялись наволокомъ тучъ, набѣгавшихъ отъ взморья. Въ воздухѣ замѣтно стало больше движенья; садъ глухо шумѣлъ, двигая обезлиственными вершинами. Густой туманъ наполнялъ аллеи; стволы деревьевъ показывались въ немъ мѣстами какъ бы стоявшими въ воздухѣ; мѣстами стволы смутно представлялись углубленными, темными пятнами. Дорожки и лужайки между ними пропадали въ десяти шагахъ; во всю глубину сада просвѣчивала только сквозь туманъ продольная, болѣе свѣтлая, волнистая полоса, обозначавшая главную аллею. Дождь усиливался и слышно было какъ капли били въ сухіе листья, летѣвшіе во всѣ стороны.

9

II

Если бъ Ефремовъ и Социперовъ, вмѣсто того, чтобы встрѣтить Чемезова гуляющимъ въ саду, могли застать его сидящимъ на скамьѣ и узнать о настоящихъ его чувствахъ, - оба, безъ сомнѣнія, поспѣшили бы сообщить объ этомъ какъ курьезную новость. Всякое извѣстіе о Чемезовѣ было находкой въ департаментѣ. Любопытство главнымъ образомъ возбуждалось исключительностью положенія, въ которое Чемезовъ поставилъ себя между товарищами. Прослуживъ съ ними восемнадцать лѣтъ, онъ, въ теченіе этого времени, ни съ кѣмъ рѣшительно не сошелся, держалъ себя постоянно въ стрронѣ, особнякомъ, никогда шагу даже не сдѣлалъ, чтобы съ кѣмъ-нибудь сблизиться. Когда въ его присутствіи затѣвалась веселая компанія, онъ особенно всегда какъ-то съеживался, - точно улизнуть хотѣлъ, и кончалъ всегда тѣмъ, что отказывался участвовать. На пирушкахъ, руководимыхъ Ефремовымъ, онъ ни разу не былъ. Вышло какъ-то такъ, что всѣ говорили ему: "вы", между тѣмъ какъ это противорѣчило общей привычкѣ; ужъ это одно было чѣмъ-то охлаждающимъ при ежедневныхъ отношеніяхъ. Онъ былъ одинаково учтивъ, даже услужливъ, но въ обращеніи его чувствовалась всегда сдержанность, отбивавшая охоту къ панибратству. Въ департаментѣ онъ никогда ни о чемъ не разговаривалъ какъ о дѣлахъ службы. "Съеженный человѣчекъ! Фуфыра! весь на пуговкахъ! никогда не распахнется, - точно нѣмка родила!" часто повѣствовалъ Ефремовъ. Въ послѣднемъ онъ не ошибался. Мать Чемезова дѣйствительно была нѣмка.

По адресной книгѣ департамента хорошо было извѣстно мѣстожительство Чемезова: никто, однакожъ, никогда къ нему не заглядывалъ; да и нельзя было: онъ никого никогда не звалъ къ себѣ. О женитьбѣ его, происходившей пятнадцать лѣтъ тому назадъ, узнали случайно отъ Ефремова, прикладывавшаго печать къ форменному разрѣшенію. Никого даже не позвалъ онъ тогда на свадьбу, никого не угостилъ.

"Свинтусъ! ничего больше!!." повторялъ Ефремовъ нѣсколько дней сряду. Съ тѣхъ самыхъ поръ прозвалъ онъ его "таинственнымъ монахомъ" и, какъ бы не удовлетворившись этимъ, назвалъ еще "Фотіемъ"; оба эти прозвища до сихъ поръ шопотомъ произносились иногда въ департаментѣ. Никогда также никто не видалъ жены Чемезова, не встрѣчалъ его гуляющимъ съ ней подъ руку; когда шелъ, то всегда въ одиночку. Съ похоронами жены было то же самое: ни приглашенья. ни угощенья! Узнали объ этомъ послѣ того, какъ онъ три недѣли носу не показывалъ въ департаментѣ.

Такое постоянство въ отчужденіи и упорная несообщительность придали Чемезову въ глазахъ товарищей таинственность, которая, болѣе или менѣе, подстрекала общее любопытство. Стоило заговорить о немъ, - у всѣхъ были ушки на макушкѣ.

Таинственность Чемезова дѣйствительно трудно было проникнуть, потому что все въ ней основывалось на свойствахъ довольно своеобразнаго, сложнаго характера. Въ немъ заключались какъ бы два отдѣльныя существа, противоположныя другъ другу по духу, хотя жившія, повидимому, въ ладу между собою. Одному принадлежало горячее, любящее сердце, нервный темпераментъ, тѣсно всегда связанный со способностью сильно принимать впечатлѣнія; въ удѣлъ другому достались по большей части мизантропическія свойства: скрытность, замкнутость, крайняя несообщительность. самолюбивая щекотливость, - рѣдко, впрочемъ, выказываемая потому, что ее удерживалъ умъ, хотя, можетъ-быть, и не способный изобрѣсти порохъ, но, во всякомъ случаѣ, разсудительный и спокойный. Одна изъ этихъ долей характера дана была природой, - другую образовали обстоятельства жизни.

Чемезову было семь лѣтъ, когда скончался отецъ, мелкій уѣздный чиновникъ, женатый на прусской колонисткѣ. Бывъ единственнымъ ребенкомъ у матери и страстно къ ней привязанный, онъ былъ свидѣтелемъ, какъ, годъ спустя, мать вступила во второй бракъ; второй отецъ былъ тотъ самый человѣкъ, котораго онъ, сколько себя помнилъ, всегда не любилъ и боялся. Поселившись съ нимъ подъ одной кровлей, онъ возненавидѣлъ его окончательно, и вмѣстѣ съ тѣмъ, подъ вліяніемъ страха, принужденъ былъ постоянно скрывать передъ всѣми настоящія свои чувства.

У матери пошли дѣти; быть-можетъ онъ преувеличивалъ ея охлажденіе къ себѣ, но ясно, однакожъ, чувствовалъ какъ мало-по-малу лишался ея прежней привязанности. Но и здѣсь надо было думать про себя и не высказываться. Всѣ эти впечатлѣнія, начавшія его дѣтство и болѣзненно отразившіяся на характерѣ въ моментъ его развитія, были, однакожъ, слабы передъ тѣми, когда, по прошествіи четырехъ лѣтъ, скончалась мать и онъ увидѣлъ себя круглымъ сиротою въ рукахъ вотчима; послѣдній еще при жизни покойницы не стѣснялся выказывать ему непріязненныя чувства. Участь мальчика облегчалась тѣмъ только, что онъ былъ въ гимназіи и цѣлую недѣлю не находился дома.

Около этого времени съ вотчимомъ произошелъ какъ говорится: "казусъ". Замѣшанный въ какую-то темную исторію, онъ лишился мѣста и отказался платить за пасынка.

Докончивъ курсъ на казенный счетъ, благодаря участію директора, Чемезовъ, восемнадцати лѣтъ, безъ всякихъ средствъ, безъ пристанища, потому что вотчимъ вскорѣ послѣ "казуса" уѣхалъ въ отдаленную губернію, - предоставленъ былъ самому себѣ. Онъ положительно не зналъ, что съ собою дѣлать. Врожденная несообщительность удерживала его отъ сближенія съ товарищами, горечь и недовѣрчивость, успѣвшія основаться въ его сердцѣ, мѣшали выйти изъ тяжелаго положенія.

Чтобы не умереть съ голоду, онъ началъ давать уроки дѣтямъ лавочника, который согласился снабжать его въ обмѣнъ угломъ и харчами. Спустя нѣсколько мѣсяцевъ, Чемезовъ давалъ уроки въ семействахъ разныхъ мѣщанъ и купцовъ. Занятіе было не по душѣ; школа была суровая. Она, правда, пріучила его къ терпѣнію, къ выносливости, но вмѣстѣ съ тѣмъ развила желчь и прибавила замкнутости. Утѣшительная сторона была та, что онъ увидѣлъ возможность существовать своими средствами. Это обстоятельство ободрило его; онъ рѣшился провести еще годъ такимъ образомъ, скопить нѣсколько денегъ, уѣхать въ Петербургъ и поступить въ университетъ. Онъ мечталъ объ этомъ еще въ гимназіи.

Двадцати лѣтъ Чемезовъ пріѣхалъ въ Петербургъ, съ шестьюдесятью рублями въ карманѣ, и принялся усердно ходить на лекціи.

Все, что пришлось испытать ему, какъ бѣдному студенту, брошенному на собственный произволъ, лишенному всякой матеріальной и нравственной поддержки, не могло, конечно, внести примиренія въ его взглядъ на жизнь. Одно къ одному, пришло вскорѣ и разочарованіе. Въ лекціяхъ не нашелъ онъ того одушевленія, какого ожидалъ; къ удивленію, онѣ показались ему холодными, неувлекательными. Онъ продолжалъ, однакожъ, аккуратно посѣщать ихъ; но уже цѣлью его была не наука, о которой такъ горячо мечталъ онъ прежде; цѣль ограничилась тѣмъ, чтобы не оставаться лишняго года на курсѣ и, по выходѣ, отыскать какое-нибудь поприще и основаться на немъ. Невыносимая тягость матеріальныхъ условій понуждала его къ этому.

Тотъ, кто не испытывалъ питаться по цѣлымъ мѣсяцамъ однимъ ячменнымъ кофеемъ съ сухарями, не посѣщалъ извѣстнаго рода кухмистерскихъ, гдѣ каждый кусокъ становится поперекъ горла и принуждаешь себя ѣсть потому, что желудокъ корчитъ отъ голоду, кто не жилъ въ грязныхъ углахъ, подкидывая вмѣсто тюфяка собственное платье, кто, вмѣсто шубы, не ограничивался въ сильные морозы пледомъ, служившимъ ночью одѣяломъ, кто не чинилъ заплатъ на своемъ пальто, не зналъ часто какъ вымыть бѣлье, потому что все, что было по этой части, покрывало тѣло, кто не пережилъ все это годами, не имѣя передъ собою вѣрной, опредѣленной цѣли, - тотъ никогда не пойметъ, какими запасами прекрасныхъ силъ владѣетъ молодость, никогда не пойметъ, сколько нужно энергіи, силы воли, высокой нравственной подкладки, чтобы, при такихъ условіяхъ, не сбиться съ пути, не упасть духомъ и, вопреки всему, продолжать учиться, посѣщать лекціи, составлять записки и т. д.

12

Уроки по полтиннику, иногда по рублю, продолжали и здѣсь выручать Чемезова. Два лѣта сряду приглашали его въ качествѣ репетитора въ отъѣздъ съ семействомъ. Этотъ періодъ его существованія былъ очень знаменателенъ. Тутъ въ первый разъ, болѣе чѣмъ когда-нибудь, высказалось его влеченье къ литературѣ; чтеніе всегда было любимымъ его занятіемъ; оно превратилось теперь въ запой своего рода. Быть литераторомъ!.. Онъ не смѣлъ мечтать объ этомъ, хотя такая мысль начинала мерещиться ему еще въ гимназіи. Доказательствомъ могла служить тщательно сберегаемая тетрадка стихотвореній, написанныхъ за годъ до пріѣзда въ Петербургъ; были еще: драма изъ итальянской жизни "Замокъ Морвено" и повѣсть "Отверженный"; но послѣднія представляли скорѣе наброски, чѣмъ оконченныя произведенія.

Литературныя занятія, казалось ему, вполнѣ отвѣчали его вкусамъ, его характеру, склонному къ уединенію и мечтательности. Настроивъ себя такимъ образомъ, другой, на его мѣстѣ, тутъ же бросилъ бы лекціи и, въ пылу возбужденія, послушался бы своего влеченья; но у Чемезова, при всей горячности сердца, былъ умъ спокойный и разсудительный, напуганный обстоятельствами жизни, привыкшій сдерживать внутренніе порывы. Прежде чѣмъ пуститься очертя голову, - ему хотѣлось добиться пристанища, опредѣлиться куда-нибудь на мѣсто, которое дало бы возможность осуществить любимую мечту. Мысль обезпеченья, независимости, была прямымъ слѣдствіемъ горькихъ испытаній въ жизни.

Хлопоты, забѣганье впередъ, просьбы, егозливость, умѣнье поддѣлываться и трогать сердца вліятельныхъ особъ, - все это, если бы даже и было въ характерѣ Чемезова, - не привело бы можетъ-быть къ желанному результату. Случай лучше выручилъ. Старый сенаторъ, которому онъ четыре мѣсяца переписывалъ бумаги, опредѣлилъ его въ одно изъ министерствъ. Тамъ приписали его чиновникомъ четырнадцатаго класса въ одинъ изъ департаментовъ и, неизвѣстно по какимъ соображеніямъ, - вѣрнѣе безъ всякихъ соображеній, причислили въ комитету, спеціально предназначенному для ученыхъ цѣлей.

III

Въ департаментѣ, равно какъ и въ подвѣдомственномъ ему комитетѣ для ученыхъ занятій, свободнаго времени дѣвать было некуда. Большая часть чиновниковъ занималась преимущественно гуляньемъ попарно въ залахъ и коридорахъ и курила папиросы съ такимъ остервенѣніемъ, что у всѣхъ почти указательный палецъ желтѣлъ какъ янтарь.

Первымъ дѣломъ Чемезова было заняться пересмотромъ повѣсти "Отверженный". Ему помнилось, въ ней, несмотря на очевидно слабыя стороны, были мѣста, писанныя когда-то съ увлеченьемъ. Онъ прилежно сѣлъ за работу. Тутъ убѣдился онъ, что пришлось все передѣлать отъ начала до конца. Но странное дѣло, никакъ не предполагалъ онъ, чтобы такъ трудно давалась работа. Все, кажется, ясно представляется воображенью, такъ вотъ передъ собою и видишь, - рукой схватить хочется; начнешь писать - выходитъ совсѣмъ не то, иногда даже совсѣмъ ничего не выходитъ! Онъ одновременно обдумывалъ сюжетъ, или, какъ говорится, "мотивъ" другой повѣсти: "Разбитая жизнь", но стѣснялся начинать, не зная рѣшительно какъ приступить къ женскому характеру. Ему невольно приходилъ на память анекдотъ, разсказанный Ефремовымъ, съ которымъ онъ тогда только что познакомился: начальникъ, распекая подчиненнаго, замѣшавшагося въ исторію съ женщинами, сказалъ ему: "Вы, милостивый государь, слава Богу, не ребенокъ; вамъ пора бы знать женщинъ! Вы развѣ женщинъ не знаете?"...- "Помилуйте, ваше превосходительство, смиренно возразилъ подчиненный, - получая всего триста рублей въ годъ жалованья, - могу ли я знать ихъ!..."

Чемезовъ могъ бы то же отвѣтить; у него былъ только другой поводъ; не столько стѣсняли его матеріальныя средства въ этомъ отношеніи, сколько недостатокъ общественности, врожденная робость и, главное, наконецъ, - мѣшала привычка внутренно съеживаться! уходить въ себя какъ улита отъ малѣйшаго прикосновенія къ ея раковинѣ.

Начитавшись романовъ, гдѣ преимущественно описывались женщины, и трудолюбиво дѣлая отмѣтки тамъ, гдѣ черты женскаго характера отвѣчали характеру его героини (мѣстами черты и душевныя движенія были такъ близки къ тому, что онъ желалъ выразить, что казалось ему, онъ самъ сочинилъ ихъ), - Чемезовъ наконецъ побѣдилъ трудность.

Повѣсть "Разбитая жизнь", переписанная бисернымъ почеркомъ, которымъ отличался Чемезовъ, лежала на столѣ. Все это было прекрасно; но предстояло теперь дѣло также не послѣдней важности; оставалось - шутка сказать! - устроить рукопись, помѣстить ее въ одномъ изъ журналовъ! Чемезовъ никого не зналъ изъ лицъ литературнаго круга. Послѣ долгихъ колебаній рѣшился онъ наконецъ отправиться въ редакцію ближайшаго журнала. Онъ, къ тому же, казался ему почему-то скромнѣе другихъ.

Прикоснувшись къ звонку редакціи, Чемезовымъ овладѣло ощущеніе, совершенно обратное тому, какое испытываютъ лица, одержимыя зубною

14

болью, при входѣ къ дантисту; зубная боль, говорятъ, мгновенно проходитъ. Чемезовъ почувствовалъ усиленное волненіе; даже пальцы похолодѣли и защемило подъ ложечкой.

- Что вамъ угодно? спросилъ лакей, отворяя дверь въ темную прихожую, увѣшанную по стѣнамъ шинелями.

- Мнѣ хотѣлось бы видѣть господина редактора...

- Дома нѣтъ! отрѣзалъ лакей.

Въ эту самую минуту изъ боковой двери показался толстый господинъ, надѣвавшій перчатку.

- Что вамъ угодно? обратился онъ къ Чемезову.

- Вы господинъ редакторъ?..

- Да; но извините, пожалуйста, мнѣ теперь некогда; я сейчасъ долженъ уйти...

- Я принесъ рукопись... Мнѣ бы хотѣлось...

- Очень хорошо-съ; оставьте ее здѣсь. Зайдите недѣли черезъ три... или нѣтъ, лучше черезъ мѣсяцъ.

- Черезъ мѣсяцъ?! невольно вырвалось у Чемезова.

- Васъ, кажется, это удивляетъ?.. проговорилъ редакторъ, надѣвая шляпу, - нельзя же такъ: взять да и напечатать! Согласитесь сами... Надо сначала прочесть, просмотрѣть... Мое почтеніе! заключилъ онъ, торопливо выходя на лѣстницу.

Чемезовъ оставилъ рукопись, надписавъ на ней свой адресъ.

Но прошелъ мѣсяцъ и не было отвѣта.

Думая, что рукопись не успѣли еще прочесть, находя также неловкимъ налегать и торопить для перваго раза, Чемезовъ принялся съ новымъ усердіемъ за окончательную обдѣлку и переписку первой своей повѣсти: "Отверженный".

Онъ понесъ ее въ другую редакцію.

На этотъ разъ встрѣтилъ его господинъ, коротко остриженный подъ гребенку, съ тощимъ лицомъ, усыпаннымъ веснушками, и носикомъ съ пуговку, украшеннымъ pince-nez; послѣдній никакъ не хотѣлъ держаться, поминутно соскакивалъ и снова нетерпѣливо насаживался своимъ владѣльцемъ.

- Вы - господинъ редакторъ? спросилъ онъ.

- Нѣтъ... я секретарь редакціи, - но это совершенно все равно-съ, поспѣшилъ онъ прибавить.

Чемезовъ смиренно подалъ рукопись. Названіе повѣсти, повидимому, не понравилось секретарю; онъ кисло улыбнулся.

- Прекрасно переписано, сказалъ онъ, перевертывая листы, - сами переписывали?..

- Самъ-съ.

15

- Прелестно! Легко будетъ читать. Раньше однакожъ недѣли невозможно... Заходите черезъ недѣлю, въ будущую субботу около этого часа, вы получите отвѣтъ.

Въ назначенный день и часъ Чемезовъ отправился къ секретарю редакціи.

- Здравствуйте, сухо проговорилъ секретарь; и, порывшись въ грудѣ взъерошенныхъ бумагъ, подалъ ему рукопись, прибавивъ:- редакторъ поручилъ передать обратно... Извините, пожалуйста, я теперь очень занятъ...

- Я желалъ бы знать, однакожъ... оторопѣвшимъ голосомъ началъ Чемезовъ.

- Ахъ, Боже мой! Чего же вы хотите? Повѣсть ваша не годится! Редакторъ говоритъ: въ ней нѣтъ тѣни наблюдательности съ живой жизни, раздраженно перебилъ секретарь.- Это мнѣніе редактора, а не мое; я вашей повѣсти не читалъ. Редакторъ утверждаетъ, что въ цѣломъ повѣсть отзывается чѣмъ-то мертвымъ, сочиненнымъ...

- Помилуйте, я тутъ почти ничего не сочинялъ, писалъ прямо съ натуры... воскликнулъ Чемезовъ, задѣтый за живое.

- Можетъ-быть; только, какъ видите, ничего изъ этого не вышло, рѣзко отвѣтилъ секретарь.

Чемезовъ вышелъ на улицу, крѣпко сжимая челюсти. На лицѣ его, всегда мутно-блѣднаго цвѣта, показалось нѣсколько красныхъ пятенъ. Онъ меньше чувствовалъ раздраженія, чѣмъ какого-то пристыженнаго чувства. Самолюбіе было сильно задѣто, но, главнымъ образомъ, его огорчали зарождавшееся сомнѣніе въ самомъ себѣ, обманутыя надежды, безполезность труда, потребовавшаго столькихъ напряженныхъ усилій. Быть не можетъ, чтобы была тутъ одна: "мертвечина", какъ онъ выразился; я писалъ, припоминая собственныя впечатлѣнія; все это было пережито и перечувствовано!" разсуждалъ онъ самъ съ собою.

Немного успокоившись, онъ на другой день понесъ "Отверженнаго" въ редакцію журнала Созерцатель.

Спустя мѣсяцъ, тамъ также отказались печатать повѣсть. Поводомъ служили тѣ же причины: "Нѣтъ живого лица; натяжка отъ начала до конца; вездѣ сочиненіе, риторика!"...

О другой повѣсти: "Разбитая жизнь", до сихъ поръ между тѣмъ не было ни слуху, ни духу. Дни проходили за днями, недѣли за недѣлями, - повѣсть не появлялась въ печати. Чемезовъ послалъ письмо, но не получилъ отвѣта. Онъ снова написалъ, - результатъ былъ тотъ же. Онъ рѣшился наконецъ самъ отправиться.

Его встрѣтилъ тотъ же лакей и, не давъ проговорить слова, объявилъ, что редактора не было дома.

16

- Я пришелъ узнать насчетъ моей рукописи; я нѣсколько разъ писалъ, но не получалъ отвѣта; мнѣ непремѣнно надо знать... началъ Чемезовъ, возвышая голосъ.

- Кто тамъ?.. отозвался кто-то изъ сосѣдней комнаты и на порогѣ распахнувшейся двери показалась знакомая толстая фигура редактора.

- А, это вы?.. Сейчасъ! произнесъ онъ, такъ же быстро исчезая за дверью.- "Ефимъ! Ефимъ!!" подхватилъ его голосъ изъ глубины сосѣдней комнаты.

Лакей побѣжалъ, оставивъ въ передней недоумѣвающаго Чемезова. Минуту спустя лакей вернулся съ толстой тетрадью въ рукахъ.

- Ваша?

- Моя...

- Изнольте взять... возвратить приказано.

- Но мнѣ хотѣлось бы поговорить съ господиномъ редакторомъ, спросить у него...

- Заняты; никого сегодня не принимаютъ, лаконически возразилъ лакей, отворяя дверь на лѣстницу.

Несмотря на то, что Чемезовъ былъ сильно озадаченъ, онъ не упалъ, однакожъ, духомъ, какъ въ тотъ разъ, когда получилъ отказъ въ печатаніи повѣсти "Отверженный".

Первое произведеніе, дѣйствительно, могло быть неудачно: опытности недоставало! Вторая повѣсть безспорно была основательнѣе задумана и лучше обработана; въ нее, - мимо соблюденія литературныхъ условій, пріобрѣтенныхъ нѣкоторымъ опытомъ, положены были наконецъ всѣ чувства, - и тѣ, которыя тревожили его дѣтство, и тѣ, которыя волновали въ Петербургѣ. Работая по ночамъ надъ повѣстью "Разбитая жизнь", недаромъ отрывался онъ отъ рукописи, чтобы успокоиться отъ волненія и утирать щеки, увлаженныя слезами. Внутренній голосъ поддерживалъ въ немъ вѣру въ этотъ послѣдній трудъ. Толстый редакторъ, безъ сомнѣнія, завладѣлъ только рукописью и не заглянулъ въ нее, - а если и далъ себѣ трудъ читать, - то такъ, зря, черезъ страницу. Мнѣніе его, наконецъ, не можетъ еще считаться конечнымъ приговоромъ.

Успокоивъ себя такимъ образомъ, Чемезовъ подумалъ прибѣгнуть къ новому журналу, издававшемуся подъ редакціей литераторовъ болѣе или менѣе извѣстныхъ. Главнымъ редакторомъ былъ писатель съ громкимъ именемъ; каждое произведеніе его встрѣчалось съ восторгомъ, и Чемезовъ былъ въ числѣ самыхъ горячихъ его почитателей.

"Здѣсь, по крайней мѣрѣ, будешь имѣть дѣло съ авторитетомъ; узнаешь правду, получишь настоящую оцѣнку", думалъ Чемезовъ.

Въ редакціи его встрѣтили очень привѣтливо; рукопись принялъ молодой человѣкъ и просилъ прійти за отвѣтомъ черезъ два дня въ два часа.

Въ этотъ день въ министерствѣ происходило какое-то экстренное засѣданіе; въ немъ участвовало все начальство департамента и учебнаго комитета, такъ что Чемезову ничего не стоило урваться на полчаса; большая часть чиновниковъ и безъ того разбѣжалась.

Молодой человѣкъ, принявшій рукопись, ввелъ Чемезова въ просторный кабинетъ, уставленный кожаною мебелью, обвѣшанный по стѣнамъ фотографіями разныхъ знаменитостей; столы и этажерки завалены были газетами и книгами. За большимъ столомъ стоялъ, прислонившись къ спинкѣ кресла, высокій, бѣлый какъ лунь господинъ, въ которомъ, по многочисленнымъ портретамъ, Чемезовъ тотчасъ же узналъ знаменитаго писателя; онъ живо объяснялся съ другимъ господиномъ, маленькаго роста и толстымъ.

- Извините, пожалуйста, сказалъ писатель, указывая Чемезову на стулъ, - я сейчасъ, сію минуту къ вашимъ услугамъ.

Чемезовъ сѣлъ на край стула, поглядывая на редактора.

"Такъ вотъ онъ! вотъ эта знаменитая личность, сдѣлавшая себѣ такое славное имя! И какая прелестная, симпатическая наружность!.." повторялъ онъ, ощущая внутренно приливъ сладостнаго волненія.

Простившись съ собесѣдникомъ, писатель-редакторъ обратилъ къ посѣтителю добродушное лицо и сказалъ, очевидно стараясь придать голосу какъ можно больше мягкости:

- Вы пришли... узнать насчетъ вашей рукописи... вотъ она... Къ сожалѣнію, мы не можемъ ее напечатать...

Чемезовъ открылъ ротъ, желая сдѣлать вопросъ, но точно кость стала поперекъ горла и онъ не могъ выговорить слова.

- Не можемъ напечатать, продолжалъ редакторъ, видимо чувствуя неловкость, - у васъ, по всему видно, много воображенія... Пишете вы очень правильно, правильнѣе чѣмъ многіе изъ насъ... Но... но этого еще недостаточно. Надо, чтобы произведеніе удовлетворяло прежде всего въ художественномъ отношеніи... Товарищи мои и я, мы не нашли этихъ условій въ вашей повѣсти...

- Я старался изобразить то, что самъ испыталъ...

- Да, но этого недостаточно, проговорилъ редакторъ, отыскивая мягкія выраженія, - надо прочувствовать...

- Прочувствовалъ! невольно вырвалось у Чемезова, при чемъ онъ приложилъ убѣдительнымъ жестомъ руку къ груди.

На глазахъ его навертывались слезы.

Редакторъ едва могъ скрыть улыбку и продолжалъ:

- Да, но и этого недостаточно; надо чтобы чувства и впечатлѣнія сообщались дѣйствующимъ лицомъ, складывались въ живые образы. Въ вашей повѣсти, къ сожалѣнію, нѣтъ этого... въ ней, странно сказать: чувствуется на всемъ отпечатокъ чего-то старческаго...

18

- Мнѣ самому всего двадцать четыре года, съ грустью проговорилъ Чемезовъ.

- Вотъ въ этомъ-то и странность! подхватилъ редакторъ, добродушно улыбаясь, - сами вы такъ еще молоды, а пишете, между тѣмъ, какъ... старичокъ... Вы, кромѣ этой повѣсти, писали еще что-нибудь?

- Писалъ...

- Печатали?

- Нѣтъ...

- Почему жъ?

- Отказывали въ редакціяхъ...

- Сами теперь видите...

- Я думалъ совсѣмъ посвятить себя литературѣ; такое занятіе всегда меня увлекало, проговорилъ сквозь слезы Чемезовъ, - я такъ надѣялся, такъ трудился...

- И продолжайте трудиться, только... неужели нѣтъ другого выхода кромѣ литературы?.. Нельзя развѣ употребить вашъ трудъ на другое...

При этомъ Чемезовъ поднялся съ мѣста, молча принялъ рукопись, поклонился, вышелъ изъ кабинета и направился обратно въ ученый комитетъ своего департамента.

Въ департаментѣ никто не замѣтилъ убитаго выраженія на лицѣ Чемезова, никогда, впрочемъ, не отличавшагося особенною веселостью. Давно успѣли всѣ привыкнуть къ его неразговорчивости, склонности забираться въ дальніе углы, упорно держаться особнякомъ, какъ "Иванъ Феклистовичъ Бука", по выраженію Ефремова. Съ окончаніемъ служебнаго часа, онъ пошелъ прямо домой, въ маленькую комнату, нанимаемую въ семействѣ театральнаго музыканта, въ Офицерской улицѣ, и весь остатокъ дня ничего не ѣлъ и никуда не выходилъ. Ночь провелъ онъ безъ сна, лежа на кровати съ заложенными за шею руками. На другое утро было воскресенье. Съ головною болью, въ припадкѣ нервнаго возбужденія, сѣлъ онъ за письменный столъ и подъ вліяніемъ всего передуманнаго и перечувствованнаго ночью, набросалъ, самъ не зная для чего, но въ одинъ присѣстъ, очеркъ своего дѣтства, всю исторію какъ его мать вторично вышла замужъ, какъ остался онъ круглымъ сиротою, какъ попалъ подъ опеку вотчима и остановился на поступленіи своемъ въ гимназію. Онъ писалъ на этотъ разъ вовсе не думая о литературныхъ условіяхъ, но единственно желая удовлетворить внутренней потребности высказать подавлявшія чувства.

Нѣсколько дней спустя, обратился къ нему случайно въ комитетѣ редакторъ дѣтскаго журнала: Незабудочка, желавшій навести справку о томъ, въ какомъ положеніи его дѣло и есть ли надежда на принятіе для народныхъ школъ послѣдней его книжки: "Соха и плугъ.- Разсказы для молодыхъ крестьянъ". Редакторъ сильно жаловался на стѣсненія цензуры вообще и въ особенности на трудность пріобрѣтать статьи, спеціально предназначаемыя для дѣтскаго возраста. Крупные литераторы ничего для дѣтей не пишутъ, средніе дороги, мелкіе такъ небрежны, что Боже упаси! Просто хоть отказывайся отъ издательства Незабудочки.

Возвратясь домой, Чемезовъ переписалъ обычнымъ бисернымъ почеркомъ разсказъ о своемъ дѣтствѣ и послалъ его къ редактору Незабудочки, надписавъ на рукописи только адресъ, но скрывъ свое имя.

Предоставляю вамъ судить, какъ онъ изумился и вмѣстѣ съ тѣмъ обрадовался, когда неожиданно получилъ книжку Незабудочки и нашелъ въ ней свой разсказъ, цѣликомъ напечатанный! Редакторъ прибавилъ отъ себя только названіе "Сироточка" и ничего больше. Книжка сопровождалась письмомъ. Редакторъ благодарилъ, ото всего сердца, неизвѣстнаго автора, убѣждалъ не скрывать своего имени, спрашивалъ о гонорарѣ и горячо убѣждалъ "не отказать впередъ въ просвѣщенномъ сотрудничествѣ". У Чемезова точно крылья вдругъ выросли; мудренаго нѣтъ: ему только минуло тогда двадцать четыре года и это была первая его радость, первая удача въ жизни.

Восторженная встрѣча редактора Незабудочки окончательно его ободрила. Радостно взволнованный, онъ высвободился изъ его объятій, чтобы испытать горячее пожатіе руки его жены и затѣмъ сочувственное пожатіе руки свояченицы, главной заправительницы Незабудочки. Редакція исключительно состояла здѣсь изъ женщинъ и, сколько можно было замѣтить, преимущественно изъ тоскующихъ вдовицъ и дѣвушекъ, напоминавшихъ цвѣты, которые забываются на клумбахъ въ сентябрѣ мѣсяцѣ. Единственнымъ представителемъ мужского пола былъ только самъ редакторъ, маленькій человѣкъ, крайне суетливаго, озабоченнаго вида, но, впрочемъ, привѣтливый и добродушный. Онъ тутъ же предложилъ Чемезову по двадцати рублей съ листа и поручилъ сдѣлать къ слѣдующей книжкѣ "маленькое сокращеніе Робинзона Крузо".

- Гонораръ останется обязательно тотъ же, заключилъ маленькій редакторъ, - оригинальное ли произведеніе, передѣлки ли, - все равно; какъ тутъ, такъ и тамъ ваше перо будетъ у насъ одинаково цѣниться...

За сокращеніемъ Робинзона Крузо, послѣдовалъ сокращенный "Переходъ Суворова черезъ чортовъ мостъ", для ремесленныхъ училищъ перваго возраста, и затѣмъ "сокращеніе" того же предмета для дѣтей второго возраста.

За сокращеніями слѣдовали иногда "передѣлки". Разнообразіе главнымъ образомъ состояло въ пригонкѣ одного и того же сюжета къ разнымъ возрастамъ. Маленькій редакторъ былъ въ восторгѣ отъ новаго сотрудника. Сотрудникъ, съ своей стороны, былъ также очень доволенъ.

Трудолюбіе было въ его природѣ; родъ занятій отвѣчалъ его вкусамъ, скромному, невзыскательному характеру и, вмѣстѣ съ тѣмъ, улучшалъ его матеріальныя средства; послѣднее было весьма важно для Чемезова, постоянно мечтавшаго о независимости, о возможности быть всѣмъ самому себѣ обязаннымъ; мечта эта зародилась въ немъ еще при выходѣ изъ гимназіи подъ гнетомъ тогдашнихъ невыносимо-тяжелыхъ условій.

Чемезовъ получалъ триста рублей жалованья; благодаря Незабудочкѣ, ему теперь на худой конецъ приходилось въ мѣсяцъ до шестидесяти рублей, иногда даже до восьмидесяти. Такъ прошло два года. Въ концѣ этого времени у Чемезова образовалась даже маленькая экономія. Незабудочка существовала положительно его трудами; подписка на нее улучшалась. Время отъ времени изъ провинціи получались въ редакцію письма, выражавшія благодарность за ту или другую статью. Восторженно читая эти письма сотруднику, маленькій, добродушный редакторъ не могъ равнодушно смотрѣть на холодность, съ какою Чемезовъ выслушивалъ обыкновенно эти посланія; отъ него часто слова нельзя было добиться; онъ ограничивался тѣмъ только, что стыдливо краснѣлъ. При всемъ своемъ желаніи, редакторъ до сихъ поръ не могъ свести его съ семействомъ, не могъ сойтись съ нимъ по душѣ, какъ бы хотѣлось. Дамы редакціи также на это жаловались.

- Милый, но дикій молодой человѣкъ! говорили онѣ.

Въ ученомъ комитетѣ пронюхали между тѣмъ насчетъ "приватныхъ" занятій сослуживца; слухъ пошелъ дальше и вскорѣ стало извѣстно во всемъ департаментѣ, что въ стѣнахъ его скромно процвѣтаетъ сочинитель. Ефремовъ началъ было подтрунивать и приглашать Социперова послѣдовать его примѣру, но оба сочли вскорѣ болѣе благоразумнымъ оставить Чемезова въ покоѣ.

Директоръ выписывалъ для дѣтей Незабудочку, и жена его нѣсколько разъ отзывалась съ величайшей похвалой мужу о нравственномъ направленіи этого почтеннаго изданія. Онъ не зналъ, что Чемезовъ, подписывавшій подъ статьями (таково было настоятельное требованіе редактора, увѣрившаго сотрудника, что въ сферѣ педагогики имя его начинало дѣлаться извѣстнымъ), былъ тотъ самый маленькій, невидный Чемезовъ, служившій подъ его начальствомъ. Онъ призвалъ его въ кабинетъ, похвалилъ и при первомъ случаѣ представилъ къ слѣдующему чину.

Дѣйствительно ли повѣрилъ Чемезовъ въ нѣкоторую извѣстность своего имени въ сферѣ педагогики, или просто захотѣлось ему попробовать самостоятельности, - но только онъ вскорѣ предпринялъ новый трудъ, не разсчитывая уже помѣстить его въ Незабудочкѣ. Напрасно, чуть не со слезами на глазахъ уговаривалъ маленькій редакторъ, - Чемезовъ настоялъ на своемъ и, отчасти благодаря скопленнымъ деньгамъ, отчасти кредиту въ типографіи, издалъ "Сокращенное путешествіе по святымъ мѣстамъ, для дѣтей отъ десяти до четырнадцати-лѣтняго возраста".

Директоръ позвалъ однажды Чемезова въ кабинетъ.

- Скажите, Чемезовъ, - это ваша книга? спросилъ онъ, указывая на "Сокращенное путешествіе".

- Моя, ваше превосходительство, робко отвѣчалъ Чемезовъ, оторопѣвъ отъ неожиданности.

Скромность, отличавшая подчиненнаго, всегда нравилась директору; онъ всегда любилъ видѣть въ немъ молодого человѣка аккуратнаго, приличнаго; качества эти, особенно достойныя похвалы со стороны сочинителя, обратили на себя особенное вниманіе начальника.

- Отчего же не представите вы книгу вашу въ комитетъ? спросилъ онъ.

- Думалъ, ваше превосходительство... но какъ-то не рѣшался...

- Прекрасно, будьте всегда такъ скромны, молодой человѣкъ; скромность служитъ... гм! лучшимъ украшеніемъ... Хорошо-съ, я за васъ представлю вашу книжку.

Въ тотъ же мѣсяцъ книжка была единогласно одобрена комитетомъ и принята для учебныхъ заведеній.

Успѣхъ неожиданный! Чемезовъ не успѣлъ очнуться какъ уже потребовалось второе изданіе; за вторымъ послѣдовало третье. Онъ рѣшительно терялъ голову. Чувство не то смущенья, не то радости, поперемѣнно овладѣвало имъ при видѣ столькихъ денегъ. Но уже въ головѣ его зарождались планы новыхъ изданій. Онъ мало-по-малу пришелъ въ себя и успокоился.

Онъ нанялъ въ Средней Подьяческой квартиру изъ трехъ комнатъ, взялъ старуху-кухарку и дѣятельно принялся за работу.

Единственнымъ развлеченіемъ было угловое окно его квартиры, выходившее на дворъ, отгороженный со стороны улицы старой деревянной рѣшеткой. Въ лѣвой части двора, подъ самымъ окномъ Чемезова, находился садикъ изъ трехъ акацій, куста бузины и полуобвалившейся бесѣдки; за ними скрывалась сырая стѣна сосѣдняго дома съ черепками битой посуды у фундамента. Зимою, когда все это заваливало снѣгомъ, смотрѣть конечно было не на что; но въ лѣтнюю нору дворъ съ садикомъ имѣлъ свою пріятность. Чемезовъ, по крайней мѣрѣ, когда уставалъ, охотно усаживался подъ вечеръ у окна со стаканомъ чая. Обдумывая новыя книжки по части педагогики и мечтая о будущемъ, онъ иногда просиживалъ здѣсь до поздней ночи.

IV

Противъ дома, гдѣ жилъ Чемезовъ, по ту сторону улицы, наискосокъ отъ сада, находился большой домъ, вмѣщавшій въ нижней его части красильное заведеніе, мелочную лавочку и модный магазинъ. На вывѣскѣ послѣдняго обозначалось золотыми буквами: "Madame Vera. Моды и платья". По вечерамъ, когда магазинъ запирался и оставались тѣ изъ работницъ, которыя въ немъ постоянно жили и ночевали, - онѣ обыкновенно перебѣгали улицу и входили въ садикъ. Такихъ дѣвушекъ было четыре: три большія, одна подростокъ.

При всей своей скромности, Чемезовъ успѣлъ, однакожъ, замѣтить одну изъ нихъ. Предметомъ его любопытства была блондинка лѣтъ семнадцати, съ круглымъ, миловиднымъ лицомъ и большими сѣрыми глазами; она была маленькаго роста, не худощавая и не толстая, и безъ признака румянца, - какъ это часто встрѣчается на лицахъ работницъ, просиживающихъ по двѣнадцати часовъ въ тѣсныхъ комнатахъ безъ воздуха.

Чемезовъ сталъ самъ себѣ удивляться. До сихъ поръ женщины, какъ уже сказано, - мало его занимали. Неожиданный успѣхъ его книжки и затѣмъ усиленная работа окончательно отвлекли его въ послѣднее время отъ соблазновъ и развлеченій. Теперь, неожиданно повѣяло на него чѣмъ-то совершенно новымъ. Его невольно притягивало къ окну, какъ только раздавались въ саду знакомые голоса; ему непремѣнно хотѣлось лишній разъ взглянуть на эту миловидную дѣвушку. Она, - надо сказать въ ея оправданіе, - не прибѣгала для этого ни къ какимъ ухищреніямъ; нельзя было, конечно, не замѣтить господина, такъ часто подходившаго къ окну; но, повидимому, она не была любопытна; всего вѣрнѣе, онъ не дѣлалъ на нее никакого впечатлѣнія. По праздникамъ, вечеромъ, Чемезовъ пересталъ вдругъ совершать обычную прогулку въ скверъ подлѣ церкви Николы Морского. Въ такіе дни подруги дѣвушки отпускались къ роднымъ; она оставалась одна и всегда приходила въ садъ съ какой-нибудь работой. Чемезовъ, трудившійся тогда надъ руководствомъ: "для первоначальнаго ознакомленія съ географіей", тотчасъ же бросалъ перо и подходилъ къ окну. Блондинка замѣтила его наконецъ, но продолжала не давать повода къ ближайшему знакомству. Разъ они встрѣтились на улицѣ; Чемезовъ остановился, хотѣлъ что-то сказать;- но встрѣча была слишкомъ неожиданна, онъ не нашелся и покраснѣвъ прошелъ мимо. Въ другой разъ они столкнулись у калитки сада.

- Вы, кажется, часто прогуливаетесь здѣсь въ саду... проговорилъ онъ, глотая слова.

Дѣвушка посмотрѣла на него своими сѣрыми глазами, улыбнулась, сказала: "да" и вошла въ садъ.

Первымъ движеніемъ Чемезова было послѣдовать за нею, - но робость оказалась сильнѣе желанія; онъ прошелъ дальше, обогнулъ двѣ улицы - послѣ чего вернулся домой крайне недовольный собою.

Увидавъ однажды старую свою кухарку, сидѣвшую подлѣ бесѣдки рядомъ съ блондинкой и долго о чемъ-то съ нею бесѣдующую, - онъ, какъ только кухарка вернулась, принялся разспрашивать ее о новой знакомкѣ. Кухарка сообщила, что не впервые разговариваетъ съ этой дѣвушкой, что она круглая сирота, отданная въ ученье теткой, - шлиссельбургской мѣщанкой, давно пропавшей безъ вѣсти, что дѣвушка ласковая такая, словоохотливая и что жаль ее, - жаль, потому что какъ только кончится ученье и выйдетъ изъ магазина на свою волю, - такъ тутъ и пропадетъ.

- Пропадетъ, какъ всѣ пропадаютъ, батюшка Алексѣй Иванычъ, заключила старуха, - подвернется этта какой ни на есть шалыганъ, прости Господи, - много ихъ въ Петербургѣ!- ну и пропадетъ, отецъ мой!..

Слова старухи сильно подѣйствовали на Чемезова. Онъ спалъ ночь безпокойнѣе обыкновеннаго. Дѣйствительно, не трудно было пропасть въ Петербургѣ! Чувство сожалѣнья и, вмѣстѣ съ тѣмъ, что-то похожее на испугъ и ревность, волновали его. Онъ припоминалъ миловидное лицо дѣвушки, доброе выраженіе ея глазъ и съ ужасомъ рисовалъ въ воображеніи возможность ея паденія, возможность для нея трагической судьбы, такъ часто выпадающей на долю молодымъ, хорошенькимъ дѣвушкамъ, одиноко брошеннымъ въ водоворотъ столичной жизни.

- Знаешь что, Марѳа, сказалъ онъ на другое утро, - ты бы когда-нибудь позвала ее къ себѣ чай пить...

- Извольте, батюшка, хошь сегодня; сегодня какъ разъ праздникъ; она придетъ въ садъ одна; сами увидите, какая она право хорошая; только, скажу вамъ, она насчетъ этого баловства... вы не думайте...

- Что ты! что ты! воскликнулъ Чемезовъ, отмахиваясь обѣими руками.

Онъ никогда не помнилъ себя такимъ веселымъ, какъ въ этотъ день. Онъ немного только оторопѣлъ къ вечеру, когда увидѣлъ блондинку, выходившую изъ сада и направлявшуюся къ дверямъ его черной лѣстницы. Еще нѣсколько минутъ, - онъ зналъ, - она уже сидѣла за сосѣдней стѣной. Робко отворивъ дверь кухни и сдѣлавъ какъ бы удивленный видъ, Чемезовъ вошелъ. Дѣвушка сначала очень удивилась; она никакъ не ожидала, чтобы Марѳа была въ услуженьи у того самаго господина, котораго часто встрѣчала въ саду и видѣла иногда гуляющимъ на улицѣ, мимо оконъ магазина. Но скромный видъ молодого человѣка тутъ же ее успокоилъ. Не зная рѣшительно съ чего начать, Чемезовъ ограничился нѣсколькими общими словами, сказалъ, что знаетъ ее давно

24

и радъ съ него познакомиться, спросилъ любитъ ли она читать, - и ободренный своей находчивостью, - поспѣшно отправился въ кабинетъ и вынесъ нѣсколько книгъ; въ числѣ ихъ пестрѣли два розовые нумера Незабудочки.

Этимъ вечеромъ положено было начало другимъ такимъ же вечерамъ.

Машенька (такъ звали блондинку) и Чемезовъ мало-по-малу перестали дичиться другъ друга. Однажды онъ такъ одушевился, что пригласилъ ее съ Марѳой въ кабинетъ и тамъ взялъ съ нея слово провести цѣлый вечеръ слѣдующаго праздника въ Александровскомъ паркѣ.

- И Марѳу возьмемъ съ собою, поспѣшилъ онъ прибавить.

Но въ слѣдующій праздникъ Марѳа, какъ на зло, хлебнула лишнее и у нея сильно болѣла голова. Какъ быть? Машенька долго не соглашалась идти вдвоемъ; наконецъ рѣшилась, и они отправились. Сначала разговоръ не клеился; оба чувствовали неловкость и не находили словъ. Обстоятельство это крайне удивляло Чемезова; приготовляясь къ прогулкѣ съ дѣвушкой, онъ не только наканунѣ, но въ самый день, не могъ понять, откуда вдругъ бралось у него столько краснорѣчія. Тутъ, какъ нарочно, слова не вязались и мысли разбѣгались какъ испуганные зайцы.

Шагъ за шагомъ, они незамѣтно отдалились отъ шумной части парка и усѣлись на скамейкѣ. Начался понемногу тотъ первый разговоръ, безъ свидѣтелей, котораго онъ ждалъ съ такимъ нетерпѣніемъ. Въ первыя минуты она казалась очень смущенной; что-то даже похожее на испугъ промелькнуло въ ея чертахъ; мало-по-малу все это прошло; она перестала стыдиться и посмотрѣла ему прямо въ лицо своими большими, добрыми глазами. Небывалая передъ тѣмъ сладость ощущенья овладѣла Чемезовымъ. Онъ во всю жизнь не испытывалъ ничего подобнаго.

Несмотря на то, что воображеніе его было возбуждено, оно и теперь не уносило его за тридевять земель, за предѣлы дѣйствительности; разсудокъ говорилъ ему, что передъ нимъ не идеальное какое-нибудь существо, но простая, молоденькая работница, съ грѣхомъ пополамъ знакомая съ грамотой; онъ успѣлъ узнать только, что она не глупа и тихаго, кроткаго нрава. Но онъ знакомился въ первый разъ съ прелестью находиться близко и наединѣ съ женщиной, которая сильно нравится; онъ чувствовалъ къ ней влеченье, вопреки всему, что могъ говорить разсудокъ. Не каждый ли день встрѣчалъ онъ на улицѣ множество женскихъ лицъ; почему же ни одно изъ нихъ не дѣйствовало на него такъ притягательно, не было ему такъ сочувственно, какъ лицо этой дѣвушки? Ея миловидныя черты, ея сѣрые, добрые глаза врѣзались въ его памяти съ перваго дня, какъ онъ увидалъ ихъ. Отъ ихъ взгляда, какъ бы сами собою, размягчались черствыя, нелюдимыя черты, заслужившія ему прозвище "буки" въ кругу его товарищей. Съ ними онъ дичился; съ нею его влекло къ откровенности. И прежде приходили минуты, когда потребность привязаться къ женскому сердцу, любить и быть любимымъ, давала себя внутренно чувствовать; но это были только намеки, отдаленные, чуть слышные голоса передъ тѣмъ, что теперь наполняло его душу. Одушевляясь постепенно, онъ передалъ ей всю исторію своей жизни, всѣ огорченія дѣтства, всѣ испытанія юности. Теперь, благодаря Бога, все измѣнилось къ лучшему; въ теперешнемъ его положеніи не было ничего общаго съ пережитымъ; онъ освободился отъ горя и бѣдности; но счастья, настоящаго счастья все-таки у него не было! Оно, видно, не далось ему, потому что такъ жить, какъ онъ, безъ привязанности, безъ любви, - нельзя считать себя счастливымъ!..

Онъ это впрочемъ такъ только, въ увлеченьи, разсказывалъ. На самомъ дѣлѣ онъ уже теперь былъ счастливъ, - счастливъ тѣмъ, что любилъ и… онъ не смѣлъ сказать объ этомъ утвердительно, - но такъ казалось ему, - встрѣчалъ отвѣтное чувство. Иначе къ чему было бы ей соглашаться на отдаленныя прогулки вдвоемъ, къ чему было бы такъ терпѣливо выслушивать его длинные объясненія и разсказы?

Съ того вечера они замѣтно уже искали случая встрѣчаться.

Разъ осенью, въ праздникъ, Марѳа отпросилась на Митрофаніевское кладбище. Давно смеркалось, но она все не возвращалась. Чемезовъ, поджидавшій ее съ тѣмъ, чтобы напиться чаю и сѣсть за работу, часто подходилъ къ окну. Выраженіе удивленія и радости показалось вдругъ на лицѣ его; онъ никакъ не ожидалъ увидѣть сегодня Машеньку: весь день не переставая лилъ дождикъ. Закрывшись платкомъ, она скоро, скоро пробѣжала мимо садика и, не подозрѣвая отсутствія Марѳы, прямо направилась къ знакомой двери на черную лѣстницу. Чемезовъ сломя голову бросился въ кухню, отомкнулъ дверной крючокъ и, притаившись за половинкой двери, сталъ прислушиваться къ частымъ шагамъ, подымавшимся по лѣстницѣ. Сердце его билось такъ громко, что слышались его удары. Машенька вошла въ кухню, увидѣла Чемезова, узнала, что онъ одинъ въ квартирѣ, и не убѣжала…

Съ того вечера они стали видѣться каждый день. Свиданія ихъ скрывались самымъ тщательнымъ образомъ; всѣ мѣры предосторожности были приняты. Машенька являлась не иначе какъ въ сумерки; она всегда куталась и внимательно осматривалась, прежде чѣмъ перейти улицу и вступить во дворъ. Даже Марѳа ничего не подозрѣвала. Чемезовъ обыкновенно уговаривалъ ее лечь спать, послѣ чего запиралъ на ключъ кухню. Машенька приходила теперь всегда по парадной лѣстницѣ, зная очень хорошо, что тамъ за дверью стоитъ Алексѣй Ивановичъ и нетерпѣливо ее поджидаетъ.

Думая окончательно уберечь Машу отъ возможности встрѣчъ съ знакомыми лицами, отчасти самъ желая избавиться отъ глазъ любопытныхъ, Чемезовъ поспѣшилъ перемѣнить квартиру; онъ нанялъ неподалеку на Екатерининскомъ каналѣ. Переѣздъ представлялъ также удобный случай отказать Марѳѣ; въ послѣднее время лишнія рюмочки смѣнились совершенно уже лишнимъ штофикомъ и держать ее стало положительно невыносимо.

Къ тому же времени подошелъ срокъ концу обученья для Машеньки.

"Madame Vera", хозяйка магазина, сначала никакъ не хотѣла разстаться съ нею; она теряла въ ней самую прилежную работницу. Но съ другой стороны не было возможности держать ее противъ воли. При прощаньи, въ досадѣ, она не разспрашивала даже ее, зачѣмъ? куда? зная по опыту, что если ужъ дѣвушка такъ настоятельно оставляетъ насиженное мѣсто, - значитъ, гдѣ-нибудь ужъ завелся "обже", какъ она выражалась.

Машенька связала свой узелокъ и поселилась у Чемезова.

Ему пришлось перейти одно неловкое испытаніе: пришлось передать дворнику паспортъ Маши для прописки и тѣмъ, слѣдовательно, заявить всему дому о своей связи, подвергнуть ее и себя любопытству жильцовъ; онъ прежде не подумалъ объ этомъ. Но опасенія оказались вскорѣ лишними; никто особенно не пялилъ глазъ и не обращалъ на нихъ вниманія. Машенька, къ тому же, была большая домосѣдка.

Житье ихъ вдвоемъ началось съ того, что она сильно возстала противъ найма новой кухарки; напрасно увѣщевалъ ее Чемезовъ, - она утверждала, что кухарка лишнее только стѣсненіе, лишній расходъ, что она отлично сама справится и выучилась у "мадамы" варить супъ, какого онъ вѣрно никогда не пробовалъ. Машенька просила дать ей всего три дня на испытаніе.

- Зачѣмъ же? Слава Богу, у насъ есть чѣмъ нанять прислужницу, доказывалъ Чемезовъ, не отрывая глазъ отъ ея оживленнаго, миловиднаго лица, - и охота же тебѣ, въ самомъ дѣлѣ, пачкаться? Можешь, если есть желаніе, найти себѣ другое занятіе...

- Нѣтъ, ужъ ты только не мѣшай мнѣ; дай сдѣлать... увидишь, какъ все будетъ хорошо! повторяла она, ласкаясь какъ котенокъ.

По прошествіи нѣсколькихъ дней нельзя было узнать квартиры Чемезова: вездѣ показались чистота и порядокъ. Особенная заботливость приложена была къ кабинету; нигдѣ слѣда пылинки; книжки аккуратно были вездѣ разставлены, даже вымыта чернильница и перья уложены рядышкомъ, въ пріятной симметріи. Кухня была также неузнаваема; принадлежности маленькаго хозяйства, вымытыя, вылощенныя, выставлялись по стѣнамъ, правильно уложенными въ рядъ.

Дни испытанія вытягивались въ цѣлыя недѣли. Когда онъ заикался о

27

наймѣ кухарки, - она подскакивала и зажимала ему ротъ. Дѣятельность ея была изумительна; съ утра отправлялась она на рынокъ, потомъ начиналась уборка квартиры; одновременно съ этимъ разводился огонь, готовилось кушанье, стирались и гладились разныя тряпочки, она день-деньской суетилась, полоскалась и при всемъ томъ находила время приводить въ порядокъ бѣлье Чемезова и приступить, для себя собственно, къ шитью платья изъ сѣраго мериноса, который ухитрилась купить за полцѣны.

- Такъ будетъ лучше, какъ сама сошью, говорила она, радостно улыбаясь, - будутъ стоить только мериносъ, подкладка и пуговицы!.. прибавляла она восторженно.

И все это, надо замѣтить, дѣлалось у нея какъ-то безъ всякой трескотни и погрома и всегда весело. Самую эту веселость слѣдовало приписать особому роду: она никогда не выражалась восклицаніями или громкимъ смѣхомъ; ихъ замѣняли ямочки, появлявшіяся на щекахъ, улыбка и радостный блескъ, свѣтившійся въ ея большихъ, добрыхъ глазахъ. Чемезовъ не могъ ею налюбоваться. Даже въ мечтахъ никогда не грезилось ему столько счастья. Встрѣчая ее часто съ раскраснѣвшимся лицомъ, вокругъ котораго отъ суеты разлетались пухомъ ея прекрасные бѣлокурые волосы, онъ, въ первое время, снова приступалъ, упрашивая нанять прислугу, увѣряя, что безъ этого она тѣмъ наконецъ кончитъ, что совсѣмъ замучается; но вскорѣ убѣдился, что чѣмъ больше надумывала она себѣ хлопотъ, чѣмъ больше было у нея на рукахъ дѣла, тѣмъ становилась она всегда веселѣе, - словомъ, тѣмъ казалась счастливѣе.

Время отъ времени, ложное положеніе, въ которомъ оба они находились, вызывало задумчивость на лицѣ Чемезова; оно видимо его безпокоило. Но онъ припоминалъ свою прежнюю жизнь, сравнивалъ ее съ теперешней и говорилъ себѣ, что надо же чѣмъ-нибудь жертвовать въ обмѣнъ на чувства, соединявшія его съ любимой дѣвушкой. Привязанность ихъ другъ къ другу укрѣплялась тѣмъ сильнѣе, что ничто ее не развлекало. Стѣсняясь мыслію о сожительствѣ, Чемезовъ хранилъ свою связь въ величайшей тайнѣ отъ сослуживцевъ. Живя своей особой, замкнутой жизнью и никогда не приглашая ихъ къ себѣ, онъ теперь подавно не дѣлалъ этого. Она, со своей стороны, не хотѣла даже слышать о знакомствѣ съ кѣмъ бы то ни было. Она утверждала, что некогда ей возиться съ гостями и, наконецъ, рѣшительно не будетъ умѣть, какъ разговаривать со всѣми этими господами.

- Тебѣ можетъ-быть хочется... Мнѣ ихъ не нужно; мнѣ и безъ нихъ хорошо! заключала она обыкновенно.

Съ каждымъ днемъ Чемезовъ открывалъ въ ней новыя качества. Въ умѣ его опрокидывались навзничь всѣ читанныя и слышанныя имъ педагогическія теоріи и взгляды по вопросу о женскомъ развитіи и воспитаніи. Говорятъ: яблочко отъ яблони не далеко падаетъ; ничего не могло быть несправедливѣе такой поговорки. Маша была у него передъ глазами. Что видѣла она съ дѣтства? По большей части грубость и дурные примѣры. И все это, тѣмъ не менѣе, не имѣло на нее и тѣни вліянія, нисколько не привилось къ ней, не пустило хотя бы самаго слабаго ростка. Она осталась съ чистой дѣтской душой, отзывавшейся на все честное и доброе. Ничего не было для нея милѣе ея угла съ его мелочными хозяйственными заботами; лишь бы только ее не трогали, не мѣшали ей, - она тутъ только чувствовала себя на своей почвѣ, всегда была весела и вполнѣ довольна.

Простодушныя, наивныя натуры, способныя сохраниться во всей умственной и душевной чистотѣ, вопреки самымъ неблагопріятнымъ условіямъ жизни, - встрѣчаются чаще, чѣмъ обыкновенно думаютъ. Ихъ можно сравнить съ тѣми растеніями, которыя прячутся отъ солнца, не тянутся въ высоту, но уходятъ въ глубь, и тамъ, встрѣтивъ сродный имъ грунтъ, развиваются и даютъ плоды свои.

Улицы съ ихъ шумомъ и городскія увеселенія не нравились Машѣ; но благополучіе ея не знало мѣры, когда въ праздникъ отправлялась она вмѣстѣ съ Чемезовымъ за городъ. Въ такихъ случаяхъ она обыкновенно всегда запаздывала. Алексѣй Иванычъ давно былъ готовъ, давно дожидался стоя въ шляпѣ; но она тутъ-то именно вдругъ и припоминала о необходимости запереть такой-то ящикъ, припрятать такую-то вещь, и выходила не прежде, когда убѣждалась, что все въ порядкѣ.

Садясь въ вагонъ, она принимала вдругъ строгій, степенный видъ, опускала глаза и церемонно молчала. Очутившись на свободѣ со своимъ Алешей, - она такъ же скоро оживлялась и не было конца ея разспросамъ и веселости.

Въ началѣ первой весны, Чемезовъ, находясь въ департаментѣ, уловилъ удобную минуту, незамѣтно прошелъ въ кабинетъ директора и попросилъ у него разрѣшенія жениться.

- Раненько задумали!.. сказалъ директоръ.

Зная Чемезова за молодого человѣка трудолюбиваго и солиднаго, - онъ дальше не разспрашивалъ и тутъ-же прибавилъ:

- А, впрочемъ, - благословляю!..

Ефремовъ, который долженъ былъ приложить печать къ разрѣшенію, привязался было съ разспросами, напрашиваясь на свадьбу; но Чемезовъ отвѣтилъ, что свадьба будетъ происходить въ Ропшѣ, гдѣ проживетъ онъ послѣ вѣнчанія нѣсколько дней, - и такимъ образомъ отдѣлался.

Съ женитьбой не произошло никакихъ особенныхъ перемѣнъ въ образѣ жизни Чемезовыхъ. Возвратясь изъ церкви, Маша неожиданно только зарыдала, упавъ на грудь мужа, - послѣ чего такъ же весело и дѣятельно принялась за свои хозяйственныя хлопоты.

Единственная перемѣна, которую можно было замѣтить, состояла въ томъ, что благосостояніе ихъ видимо улучшилось.

"Руководство для первоначальнаго ознакомленія съ географіей" принесло неожиданные результаты. Другія "сокращенія" и "руководства", постепенно выпускаемыя въ свѣтъ, - разбирались нарасхватъ.

Такъ проходили годы. Счастье ихъ не только не прерывалось, но упрочивалось отъ времени. Лѣтомъ Чемезовы перебирались теперь обыкновенно на дачу на Черную рѣчку или на Карповку. Несмотря на то, что хозяйственныхъ хлопотъ было здѣсь больше чѣмъ въ городѣ, а съ другой стороны, въ денежномъ положеніи Чемезова не могло быть вопроса о расходѣ на прислугу, - жена его все-таки противилась нанимать кухарку. Вмѣсто нея она взяла двѣнадцатилѣтнюю дѣвочку, - дочь прачки; Чемезова думала исподволь пріучить ее къ хозяйству и со временемъ найти въ ней усердную помощницу. Зная въ совершенствѣ жену, Алексѣй Иванычъ ничего не говорилъ, хотя предвидѣлъ, что дѣвочка эта послужитъ только источникомъ новыхъ заботъ и хлопотъ. Дѣйствительно, такъ и вышло. Началось съ того, что Марья Ивановна привезла изъ города кусокъ полотна и въ тотъ же вечеръ принялась кроить и рѣзать, приготовляя бѣлье для дѣвочки.

Глядя какъ она съ ней возилась, обмывала, чесала, обучала тому и другому и постепенно къ ней привязывалась, Чемезовъ убѣждался больше и больше, что Марьѣ Ивановнѣ на роду было написано сдѣлаться можетъ-быть лучшей еще матерью, чѣмъ была она хозяйкой. Но проходили годы, - дѣтей у нихъ не являлось.

Лѣта мало измѣнили Марью Ивановну; она нѣсколько пополнѣла, но казалась вообще даже свѣжѣе, чѣмъ была въ первой молодости. На характеръ лѣта не произвели никакого дѣйствія. Живя разъ на дачѣ, она купила цыплятъ; въ числѣ ихъ находился одинъ съ перешибленной ногой; онъ сдѣлался ея любимцемъ. Она держала его особо отъ другихъ, кормила на убой и звала всегда мужа посмотрѣть, какъ цыпленокъ бросается со всѣхъ ногъ, когда она его подзываетъ. Къ осени цыпленокъ превратился въ толстую курицу, бѣгавшую за Марьей Ивановной какъ собачонка. Пришлось переѣзжать съ дачи. Все уже было уложено и подводы стояли готовыя на дворѣ. Алексѣй Иванычъ, расхаживая въ пальто и въ шляпѣ, не могъ понять, что дѣлаетъ жена, стоя у окна и барабаня пальцами. по стекламъ; онъ нѣсколько разъ позвалъ ее, но она не откликнулась. Подойдя къ ней, онъ только всплеснулъ руками: прислонивъ лицо къ оконному стеклу, Марья Ивановна разливалась-плакала! Ей жаль было разстаться съ курицей. Но птичникъ немыслимъ былъ въ городѣ и скрѣпя сердце надо было разстаться.

Она утѣшилась тогда только, когда Алексѣй Иванычъ купилъ ей собачку.

Благосостоянье ихъ продолжало между тѣмъ расти съ каждымъ годомъ. Чемезовы могли считать себя теперь вполнѣ обезпеченными. По службѣ также шло довольно удачно. Чемезовъ былъ теперь старшимъ столоначальникомъ и при первой ваканціи долженъ былъ занять должность начальника отдѣленія. Мрачный взглядъ на жизнь, горечь прежнихъ испытаній, мизантропическія побужденія, - все это въ немъ постепенно улеглось, сгладилось подъ вліяніемъ счастливой жизни, любви и преданности. Если онъ продолжалъ держать себя попрежнему, въ нѣкоторомъ отдаленіи отъ сослуживцевъ, то это происходило скорѣе отъ привычки согласоваться съ природными наклонностями. Его и въ молодости склоняло всегда къ тихой, трудолюбивой жизни. Наконецъ онъ попросту боялся нарушить строй домашняго очага, подъ защитой котораго прожилъ столько лѣтъ въ постоянномъ счастіи.

Привязанность нѣжно-любимой женщины, ея чувства къ нему, заботливость, не охлаждавшіяся, но развивавшіяся съ годами, - достаточно наполняли его существованіе. Обаятельная доброта сердца, врожденныя честныя побужденія Марьи Ивановны сдѣлали то, чего, быть-можетъ, не могло бы сдѣлать самое внимательное, изысканное образованіе.

Иногда Алексѣй Иванычъ приступалъ къ ней съ какой-нибудь книжкой, совѣтовалъ почитать то и другое; Марья Ивановна не отказывалась, но, за хлопотами, книжка большею частью оставалась открытою на второй страницѣ. Чемезовъ начиналъ упрекать.

- Много будешь знать, скоро состарѣешься, смѣясь возражала Марья Ивановна, - я тебя знаю; съ меня этого довольно!..

Алексѣй Иванычъ, тѣмъ не менѣе, - по привычкѣ, вѣроятно, заниматься постоянно учебниками и сидѣть по уши въ педагогикѣ, - не разставался съ мыслію объ ея образованіи. Упорно преслѣдуя свою цѣль, онъ не пропускалъ удобнаго случая: водилъ ее по всѣмъ выставкамъ, концертамъ, театрамъ. Марью Ивановну часто клонило ко сну, но Боже упаси, чтобы она показала это мужу; въ угоду ему, она охотно на все соглашалась и всегда казалась очень довольной. Обманутый этимъ, Алексѣи Иванычъ увеличивалъ свое стараніе. Зная ея экономность, но вмѣстѣ съ тѣмъ желая сдѣлать ей сюрпризъ, онъ тайкомъ абонировался на два стула въ итальянской оперѣ, какъ только узналъ объ открытіи новой подписки.

Заботливость Алексѣя Иваныча отплачивалась ему всегда сторицей.

Въ теченіе пятнадцати лѣтъ, прожитыхъ вмѣстѣ, ни разу не испыталъ онъ ссоры, разладицы, даже повода къ чему-нибудь подобному. Весь ея міръ начинался и оканчивался ея Алексѣемъ Иванычемъ; внѣ этого, для

31

нея ничего не существовало; когда ему было хорошо и покойно, - добрые ея глаза сіяли радостью и ничего не желала она больше. Онъ былъ для нея постояннымъ предметомъ любви и удивленія. Лучше, умнѣе, честнѣе Алексѣя Иваныча, - ничего не могло быть на свѣтѣ.

Такая любовь и преданность, надо сказать, были вполнѣ взаимны. Сердце Чемезова ни разу не измѣнило. Онъ никогда не думалъ о ней иначе, какъ съ чувствомъ глубокой нѣжности и признательности. Часто, сидя подлѣ нея, онъ бралъ ея руки и горячо начиналъ цѣловать ихъ.

- Э, полно, Алексѣй Иванычъ, говорила она, удивленно глядя на него своими добрыми глазами, - какое счастье я тебѣ принесла!.. Ты такой ученый! такой умный! Что я передъ тобою?.. Такъ, простая, незначащая бабеночка!..

И вдругъ - вдругъ этой бабеночки не стало!..

Она вернулась домой, чувствуя сильный ознобъ. На другой день открылся тифъ. Три дня спустя добрые глаза ея навсегда закрылись... Она лежала въ гробу такая бѣленькая, съ вытянутыми ножками, обутыми въ бѣлые башмаки; бѣлокурые ея волосы, гладко причесанные, вокругъ осыпаны были цвѣтами. На губахъ все еще оставалась улыбка; но она горько противорѣчила остальной части лица, совершенно неподвижной, - точно отлитой изъ воску.

Чемезовъ ничего этого не видѣлъ. Онъ, или сидѣлъ въ дальней комнатѣ какъ громомъ пораженный, или начиналъ бросаться въ безпамятствѣ, наполняя квартиру криками отчаянія. На минуту очнулся онъ и какъ бы пришелъ въ себя на кладбищѣ, когда уже гробъ опустили и могилу стали засыпать землею, смѣшанною со снѣгомъ; но тутъ же упалъ онъ лицомъ въ снѣгъ и сталъ опять биться какъ помѣшанный.

Близъ стоявшіе подумали, онъ окончательно лишится разсудка.

Первые дни директоръ нѣсколько разъ присылалъ курьера, справиться объ его здоровьи.

V

Недѣли черезъ три онъ появился, однакожъ, въ департаментѣ. Прошелъ еще мѣсяцъ и уже насчетъ Чемезова установилось мнѣніе, что онъ взглянулъ, наконецъ, на свое положеніе "окомъ благоразумнаго человѣка". Одинъ Ефремовъ подвертывался съ утѣшеніями, и то потому больше, что хотѣлъ показать себя въ глазахъ несообщительнаго товарища человѣкомъ, способнымъ не на однѣ пирушки и балагурство. Чемезовъ отдѣлывался обыкновенно пожатіемъ руки, но чаще всего отмалчивался. Онъ вообще слова ни съ кѣмъ не сказалъ о понесенной имъ утратѣ. Никто этому не удивлялся, зная его всегдашнюю сдержанность. Въ лицѣ его также никто не замѣтилъ особенной перемѣны; осунулось только немножко и какъ бы постарѣло; нельзя же безъ этого: человѣку стукнуло, наконецъ, сорокъ два года!

Прошло лѣто; наступила осень. При встрѣчѣ съ Алексѣемъ Иванычемъ рѣдкій могъ уже усомниться, чтобы горе окончательно въ немъ не изгладилось.

Иногда даже Чемезову казалось, какъ будто стало понемногу отлегать отъ сердца. Припоминая прошлое, онъ начиналъ чувствовать себя спокойнѣе. Воспоминанія мало-по-малу утрачивали свою ѣдкость. Ихъ точно заволакивало туманомъ; они, казалось, смягчались въ немъ и ослабѣвали. Онъ приводилъ въ порядокъ бумаги, приступалъ къ брошенной работѣ и, одновременно съ этимъ, думалъ непремѣнно перехать на другую квартиру; сомнѣнія не было, что съ перемѣной мѣста спокойствіе окончательно возстановится.

Такъ проходили дни, иногда цѣлыя недѣли.

Вдругъ, - точно изъ-за угла вѣтромъ приносило, - обхватывало его опять чувствомъ смертельной грусти. Вмѣстѣ съ нею мгновенно отлетало спокойствіе, давая мѣсто мрачнымъ, тревожнымъ мыслямъ. Онъ неожиданно впадалъ въ то состояніе духа, какъ тогда въ Лѣтнемъ саду, при встрѣчѣ съ двумя сослуживцами. Чемезовъ сказывался больнымъ и не ходилъ на службу. Мысль кого-нибудь видѣть, съ кѣмъ-нибудь встрѣтиться, была ему невыносима. Въ такія минуты потеря жены казалась ему чувствительнѣе даже, чѣмъ въ первые дни послѣ ея кончины. Онъ не понималъ, какъ могъ на минуту думать объ облегченіи своего горя. Квартира дѣлалась ему тогда особенно дорога; онъ возмущался, думая, что въ ней могли поселиться чужіе люди.

Безъ всякаго насилія воображенія, воспоминанія приходили сами собою, наплывали одно за другимъ. Они принимали иногда поразительную ясность. Онъ часто какъ бы прислушивался къ голосу жены, слѣдилъ за его звукомъ, вызывая въ памяти каждую черту лица покойницы. Губы его судорожно двигались, когда передъ нимъ, точно живые, начинали свѣтиться ея добрые глаза. Припоминая ея кротость, ея ровный, безотвѣтный нравъ, ея заботливость, такъ нѣжно сосредоточенную на немъ одномъ, - онъ жадно хватался за самыя мелкія воспоминанія, сближавшія его съ нею. Такъ неожиданно пришло ему на память, какъ въ его отсутствіе она опрокинула чернильницу на бумаги и, желая скрыть оплошность, вымыла въ замѣшательствѣ листъ и тѣмъ окончательно стерла все написанное. Столько лѣтъ прошло съ тѣхъ поръ!

но онъ вспомнилъ выраженіе смущенія на ея миловидномъ лицѣ, вспомнилъ, какъ тогда разсердился, какъ она вдругъ заплакала - и горько сталъ упрекать себя. Забывая, что теперь ничего уже не вернешь, ничего не поправишь, - онъ продолжалъ каяться, припоминая, какъ былъ иногда грубъ, придирался, выказывалъ передъ ней дурное расположеніе духа, въ отвѣтъ на добрые, ласковые взгляды, на кроткую улыбку.

Въ такія черныя минуты потеря жены представлялась ему такимъ ужасающимъ фактомъ, сердце наполнялось такою невыносимою скорбью, что не разъ приходило ему въ голову покончить съ собою. Онъ не сомнѣвался въ томъ, что рано или поздно - не переживетъ своего горя.

Такъ многіе думаютъ; даже искренно думаютъ; но всѣ почти обманываются!

Подъ впечатлѣніемъ душевно-тревожнаго чувства, мысленно переносишь себя, иногда одиноко, на берегъ необъятнаго моря и тамъ говоришь себѣ: "Что, если это случится со мною? Что, если вдругъ постигнетъ меня такое несчастье?.. Я тутъ же въ прахъ разсыплюсь, на мѣстѣ умру, исчезну..." Но подымается волна горя, во сто разъ болѣе могучаго противъ того, какого ожидаешь, прокатывается она съ грохотомъ надъ головою... "Ну, думаешь, все кончено! Все!!.." Осматриваешься вокругъ, ощупываешься - и съ удивленіемъ видишь себя сидящимъ на томъ же берегу, совершенно невредимымъ и цѣлымъ!..

Нѣтъ, человѣкъ живучъ! Не менѣе, надо думать, былъ живучъ и Чемезовъ, даромъ что казался на видъ такимъ маленькимъ и тщедушнымъ.

Черные дни не переставали посѣщать его; но уже въ нихъ начиналъ открываться новый оттѣнокъ; ихъ возбуждали теперь не столько воспоминанія, сколько новое чувство, передъ которымъ безсильно было время. Одиночество давило Чемезова. Дома, на службѣ, на улицѣ, - оно неотступно его преслѣдовало. Занятія, начинавшія въ первое время развлекать его, - совсѣмъ ему опостыли; за что онъ ни брался, все изъ рукъ вываливалось. Привычка, говорятъ, вторая натура. Въ Чемезовѣ она сильнѣе должна была высказаться. Не считая, что тихая домашняя жизнь согласовалась съ его характеромъ, отвѣчала его природнымъ вкусамъ и наклонностямъ, - рѣдкому выпало на долю такъ счастливо ею пользоваться. Она развила въ немъ потребности и привычки, лишеніе которыхъ тягостно чувствовалось каждую минуту. Онъ точно былъ выброшенъ въ пустыню, на необитаемый глухой островъ, вокругъ котораго жизнь вдругъ умолкла, отошла въ сторону, какъ море отходитъ отъ берега. Иногда онъ радъ былъ очутиться въ департаментѣ, услышать живые голоса, увидѣть людей.

Время отъ времени ему приходило даже на умъ, не послушаться ли въ самомъ дѣлѣ совѣта сослуживцевъ, не благоразумнѣе ли будетъ стараться развлечь себя; но онъ тутъ же отворачивался, пугаясь смѣлости своихъ замысловъ. Единственно, что могъ онъ сдѣлать, - это снова развѣ начать ходить въ театръ, какъ бывало при покойницѣ. Тутъ вспомнилъ онъ о двухъ билетахъ, взятыхъ имъ на итальянскую оперу и лежавшихъ запертыми въ столовомъ ящикѣ. Не весело было, конечно, но что же дѣлать! Надо же было, наконецъ, побѣдить чѣмъ-нибудь эту мучительную тоску, не дававшую покоя. Узнавъ изъ афишъ, что даютъ "Фауста", онъ отправился. Но какъ ни привлекательна была музыка, какъ ни хорошо она на него дѣйствовала, онъ не могъ дослушать конца представленія. Видъ пустого мѣста рядомъ съ его стуломъ, того самаго мѣста, гдѣ должна была сидѣть Марья Ивановна, пробуждалъ въ немъ слишкомъ тяжелыя воспоминанія. Въ той сценѣ, когда Маргарита является въ саду при лунномъ свѣтѣ, когда чистая ея душа такъ простосердечно отдается въ обманъ коварству и въ то же время раздаются звуки вальса, напоминающіе равнодушную, смѣющуюся и веселящуюся толпу, - Чемезовъ не могъ досидѣть и поспѣшно вышелъ изъ креселъ.

Проходя мимо кассы, вспомнилъ онъ, что изъ двухъ билетовъ одинъ былъ лишній; онъ остановился и, передавъ его кассиру, просилъ продать при первой возможности. Свой билетъ онъ у себя оставилъ, подумавъ, что какъ ни тягостно чувство, испытанное въ театрѣ, оно все-таки легче тоски, приступавшей особенно сильно, когда онъ по вечерамъ оставался одинъ дома.

Пропустивъ два представленія, онъ снова отправился въ оперу.

Подходя къ своему стулу, увидѣлъ онъ, что сосѣднее мѣсто занято; на немъ сидѣла дама. Обстоятельство это въ первую минуту непріятно на него подѣйствовало. Онъ торопливо взялъ бинокль и началъ смотрѣть на сцену. Но любопытство взяло свое; онъ искоса взглянулъ на сосѣдку. Чемезовъ, какъ извѣстно, не былъ знатокъ въ женщинахъ; насколько могъ онъ судить по бѣглому взгляду, - сосѣдка принадлежала скорѣе къ числу привлекательныхъ. Она была очень скромно одѣта: черная атласная шляпка, съ чернымъ перомъ, скромно уложеннымъ по борту; такого же цвѣта и той же матеріи платье обтягивало ея плечи; оно застегивалось вплоть до воротничка, отъ котораго спускалась на плоскую грудь цѣпочка часовъ, запрятанныхъ за пуговицы лифа. Въ антрактѣ представился случай разсмотрѣть ее ближе; и надо сказать, второй этотъ осмотръ сдѣлался самъ собою, безъ всякаго старанія со стороны Чемезова.

Сосѣдка показалась ему не первой молодости, лѣтъ двадцати двухъ, двадцати трехъ, - можетъ-быть, нѣсколько даже старше. На продолговатомъ, нѣсколько заостренномъ лицѣ выступалъ узенькій носъ съ горбочкомъ по серединѣ и подвижными ноздрями; онъ отдѣлялъ два черные глаза, быстрота которыхъ безпокоила, должно-быть, самую владѣлицу, потому что, вопреки стараніямъ опускать ихъ, они слишкомъ часто выказывали неповиновеніе и бѣгали какъ мышенки. Надъ глазами выгибались черныя брови, почти сраставшіяся у переносицы; верхняя губа оттѣнялась пушкомъ, какъ у большей части сильныхъ брюнетокъ. Могло статься, что брови были преувеличенно широки и черны, губы краснѣе чѣмъ бываетъ обыкновенно, и кожа на лицѣ, тусклой своей бѣлизной, напоминала употребленіе кольдъ-крема и пудры, - но Чемезовъ ничего этого не примѣтилъ. Столько лѣтъ занимаясь, между другими работами, женскимъ вопросомъ, - онъ, въ практическонъ смыслѣ, былъ менѣе опытенъ въ женскихъ дѣлахъ, чѣмъ теперешній пятнадцатилѣтній гимназистъ; покойница въ этомъ отношеніи ничему его не научила; для поддержки своего миловиднаго лица она обыкновенно никогда ничего не употребляла, кромѣ воды и мыла.

Чемезовъ не могъ не примѣтить, что всѣ движенія сосѣдки отличались необычайной скромностью: въ нихъ присутствовала даже какая-то стыдливость. Обращая случайно глаза на проходящихъ, она мгновенно ихъ потупляла; когда кто-нибудь изъ зрителей пробирался къ ней, проходя по ряду стульевъ, - она спѣшила скромно подобрать нижнія складки платья, какъ бы оберегаясь отъ мужского прикосновенія.

Выходя изъ театра, Чемезовъ мало о ней думалъ; но когда думалъ, то говорилъ себѣ, что присутствіе такой скромной особы на стулѣ, предназначенномъ для жены, - было все-таки менѣе непріятно, чѣмъ если бъ занялъ его другой кто-нибудь. Онъ, вѣроятно, забылъ бы о ней, но въ слѣдующее представленіе снова встрѣтилъ ее на томъ же мѣстѣ. Скромность сосѣдки остановила его вниманіе точно такъ же, какъ при первой встрѣчѣ. Въ антрактѣ она привстала, желая дать пройти какому-то господину, и зацѣпила кружевомъ рукава за гвоздикъ, случайно высунувшійся изъ обивки стула; господинъ прошелъ мимо, ничего не замѣтивъ. Видя ея долгія и безполезныя старанія высвободить кружево, - Чемезовъ рѣшился наконецъ прійти ей на помощь.

Она замѣтила, какъ онъ при этомъ покраснѣлъ, церемонно поблагодарила и, тотчасъ же опустивъ глаза, продолжала сидѣть на своемъ стулѣ.

Въ концѣ второго дѣйствія она однакожъ побѣдила себя и, неожиданно обратясь къ Чемезову, спросила, не можетъ ли онъ разъяснить ей значеніе тѣхъ послѣднихъ словъ, которыя сейчасъ, въ финальной аріи, произнесъ Мазини; ей, но всему замѣтно, очень было стыдно обращаться къ незнакомому мужчинѣ; но любознательность, повидимому, превозмогала застѣнчивость.

Чемезовъ отвѣчалъ, что, къ сожалѣнію, также незнакомъ съ итальянскимъ языкомъ и довольствуется тѣмъ, что слушаетъ музыку и можетъ ею наслаждаться.

- Для меня музыка также первое удовольствіе!.. сказала сосѣдка дѣтски-наивнымъ голосомъ, не отвѣчавшимъ ея быстрому взгляду, тотчасъ же, впрочемъ, скрывшемуся подъ опущенными рѣсницами.

- Сколько я замѣчаю, вы часто бываете въ оперѣ... проговорилъ Чемезовъ и, самъ не зная отчего, снова вдругъ покраснѣлъ.

- Да, я бываю всякій разъ, какъ только возможно... когда позволяетъ время...

- Вы развѣ спеціально чѣмъ-нибудь заняты?..

- Да, отвѣчала она съ замѣтнымъ принужденіемъ и замолкла.

Чемезовъ стѣснялся продолжать разговоръ. Оба, поклонившись церемонно другъ другу, покинули театръ и разошлись въ разныя стороны.

Всякій разъ, какъ приходилъ день абонемента, Чемезовъ увѣренъ былъ, что вечеромъ найдетъ подлѣ себя скромную сосѣдку. Они встрѣчались теперь уже какъ знакомые.

Начавъ мало-по-малу обмѣниваться впечатлѣніями о достоинствѣ музыки, объ искусствѣ исполнителей, они поперемѣнно переходили къ другимъ интересамъ, коснулись жизненныхъ вопросовъ и подъ конецъ, всякій разъ когда занавѣсь опускалась въ послѣдній разъ, оба выражали сожалѣніе о необходимости прервать интересную бесѣду.

Несмотря на поверхностный обмѣнъ мыслей и скромность сосѣдки, - она не могла скрыть своего ума; Чемезову по крайней мѣрѣ никогда не случалось встрѣчать такой умной собесѣдницы; его удивляло также, какъ, сравнительно съ ея молодостью, успѣла она пріобрѣсти столько знанія, столько практичности во взглядѣ на нѣкоторые жизненные вопросы и, вмѣстѣ съ тѣмъ, умѣла сохранить такую простоту и скромность. Охотно употребляя въ своихъ книжкахъ слово: "культурность", онъ въ первый разъ объяснялъ себѣ настоящимъ образомъ его значеніе, когда думать о собесѣдницѣ. То, что она разсказывала о себѣ самой, окончательно располагало Чемезова въ ея пользу.

Подобно ему, - она была круглою сиротой; было даже сходство въ ихъ происхожденіи; но только ея отецъ былъ нѣмецъ, а мать русская. Оставался у нея дяденька въ Ригѣ, но уже многіе годы не было о немъ никакихъ извѣстій: умеръ должно-быть! Три года тому назадъ, вышла она изъ консерваторіи и существовала уроками музыки; если она позволяла себѣ часто бывать въ театрѣ, то это потому, во-первыхъ, - что была необыкновенно экономна, а во-вторыхъ, выше всего на свѣтѣ обожала музыку, предпочитала ее всѣмъ другимъ удовольствіямъ, увлекающимъ обыкновенно молодыхъ дѣвушекъ. Узнавъ объ образѣ занятій Чемезова и спросивъ его имя, - она выразила вдругъ необыкновенную радость. Какъ! это было то самое имя, которое встрѣчалось такъ часто на дѣтскихъ книжкахъ, на разныхъ руководствахъ для образованія юношества?.. Боже мой, кто же изъ лицъ, сколько-нибудь соприкосновенныхъ дѣтямъ, не знакомъ съ этимъ именемъ!!. Она вдвойнѣ благодарила случай, который ихъ познакомилъ. Она давно искала работы въ свободное время; зная порядочно французскій и нѣмецкій языки, ей легко было заняться переводами; она нѣсколько разъ даже приступала; но къ кому обратиться за совѣтомъ? Кому отдать результатъ трудовъ? Положеніе бѣдной дѣвушки, въ такихъ случаяхъ, дѣйствительно достойно всякаго сожалѣнія!

Прислушиваясь къ разсказамъ Амаліи Карловны (такъ звали сосѣдку), Чемезовъ иногда даже какъ будто задумывался; можно было предполагать, мысли его отвлекались посторонними соображеніями; но это не было продолжительно; онъ снова начиналъ прислушиваться съ удвоеннымъ вниманіемъ.

Сочувствуя положенію бѣдной дѣвушки, жившей трудомъ, онъ предложилъ ей свои услуги. Ему ничего не стоило присылать ей работу, и онъ спросилъ ея адресъ.

Глаза ея, оживившіеся въ началѣ разговора, тотчасъ же опустились. Послѣ минутнаго молчанія и, очевидно, стѣсняясь, она сообщила, что занимаетъ скромную меблированную комнату въ отдаленномъ кварталѣ, и тутъ же, неожиданно опять оживившись, объявила о невозможности допустить Алексѣя Ивановича отправляться въ такую даль, отыскивать ее, подыматься по лѣстницамъ... Нѣтъ, - она ни за что этого не хотѣла! Не ему, нѣтъ, - скорѣе ей, да ей скорѣе слѣдовало являться къ нему, - человѣку столь извѣстному и такъ сердечно ей сочувствующему!

Два дня спустя, - въ квартирѣ Чемезова раздался звонокъ. Онъ сидѣлъ въ халатѣ и работалъ. При мысли, что звонитъ Амалія Карловна, - кровь бросилась ему въ голову; онъ стремительно выбѣжалъ въ сосѣднюю комнату и суетливо началъ одѣваться. Въ прихожей между тѣмъ явственно слышался знакомый женскій голосъ, освѣдомлявшійся о томъ, дома ли Алексѣй Иванычъ. Чемезовъ при этомъ совсѣмъ засуетился и, какъ обыкновенно бываетъ въ такихъ случаяхъ, не находилъ подъ рукою самыхъ необходимыхъ принадлежностей туалета; оправившись, наконецъ, онъ вышелъ въ кабинетъ и сталъ извиняться, что такъ долго заставилъ ждать себя. Онъ переминался, и неловкость проглядывала въ каждомъ его словѣ. Она первая ободрилась.

На заостренномъ лицѣ ея показалось даже выраженіе восторга при взглядѣ на кабинетъ "извѣстнаго ученаго", какъ она выразилась. Въ этомъ восторгѣ проглядывало что-то дѣтское. Чемезовъ нашелъ ее моложе противъ того, какою представлялась она ему въ театрѣ. Розовый бантикъ подъ бѣлымъ воротничкомъ, гладко причесанные волосы вмѣсто падавшихъ на лобъ завитковъ, которыми украшала она себя по вечерамъ, гладко обтянутый корсажъ, - придавали ей наружность институтки.

Молодость и простодушіе еще замѣтнѣе выказались на восхищенномъ лицѣ, когда узнала она, что Чемезовъ былъ настолько добръ, что не забылъ ея просьбы и, несмотря на многосложныя ученыя занятія, приготовилъ для нея работу.

Работа заключалась въ переводѣ съ французскаго языка на русскій очерка: о "млекопитающихъ", которымъ должна была заключиться: "Сокращенная исторія царства животныхъ", приготовляемая Чемезовымъ для второго гимназическаго курса.

- Благодарю васъ, - ото всего сердца благодарю!!. восторженно проговорила Амалія Карловна, пожимая его руку и пристально устремляя на него глаза, одушевленные признательностью, - но тутъ много спеціальныхъ словъ, прибавила она, - вы позволите мнѣ иногда безпокоить васъ... приходить къ вамъ за совѣтомъ?..

- Помилуйте, - очень радъ!.. отозвался Чемезовъ, провожая ее до лѣстницы.

Заперевъ за собою дверь, онъ долго ходилъ взадъ и впередъ по кабинету, наконецъ позвалъ кухарку, велѣлъ подавать чай и раздѣвшись сѣлъ за работу.

Несмотря на многолѣтній опытъ въ занятіяхъ такого рода, несмотря на привычку приводить перо въ повиновеніе воли, - Чемезовъ въ этотъ вечеръ написалъ очень мало. Тоска, оставившая его на время, - стала одолѣвать имъ съ удвоенной силой. Онъ легъ и заснулъ; но на другое утро и весь слѣдующій день не могъ отвязаться отъ ноющаго чувства. Онъ снова ходилъ какъ въ туманѣ. Въ департаментѣ ему трудно было даже составить и написать нѣсколько простыхъ отношеній. Куда уйти? Гдѣ спрятаться отъ тоски?.. Волей-неволей надо было возвращаться домой.

Часъ спустя, въ квартирѣ раздался звонокъ. Звукъ этотъ въ первую секунду лихорадочно прошелъ по нервамъ Чемезова; онъ обрадовался, однакожъ, увидавъ Амалію Карловну. Она очень извинялась. Но бѣда въ томъ: у нея не было лексикона! Въ иныхъ мѣстахъ перевода она рѣшительно не находилась; зная снисходительность Алексѣя Иваныча, разсчитывая на безконечную доброту его сердца, она рѣшилась снова его безпокоить.

Чемезовъ готовъ былъ помочь ей съ величайшей охотой. Они усѣлись къ столу. Въ это время кухарка подала чай. Амалія Карловна вызвалась хозяйничать.

Чемезовъ припомнилъ покойную жену и задумался; но воспоминаніе это только промелькнуло; онъ снова обратился къ Амаліи Карловнѣ, которая, ничего, казалось, не замѣчая, заботливо разспрашивала о его вкусахъ и, граціозно изгибая станъ, привѣтливо улыбаясь, накладывала сахаръ и рѣзала тоненькіе ломтики лимона.

Чай былъ только перерывомъ занятій; они снова приступили къ переводу и просидѣли довольно поздно.

Изобиліе спеціальныхъ терминовъ въ очеркѣ "о млекопитающихъ" съ одной стороны, неимѣніе лексикона у Амаліи Карловны, съ другой, - заставляли ее часто посѣщать квартиру Чемезова.

Они не стѣснялись теперь другъ передъ другомъ. Онъ успѣлъ совсѣмъ освоиться; она скоро успѣла изучить всѣ его привычки.

- Отчего, скажите, Алексѣй Иванычъ, бываете вы иной разъ такой грустный? спросила она какъ-то совершенно неожиданно.- Я часто гляжу на васъ и сама съ собой разсуждаю: что бы такое придумать, чтобъ разсѣять ваши мрачныя мысли...

- Не разъ уже разсказывалъ я вамъ мою исторію, проговорилъ вздыхая Чемезовъ, - мало въ ней радостнаго, какъ сами знаете! подхватилъ онъ глухимъ голосомъ, принимаясь расхаживать по комнатѣ съ опущенною головою, - я скучаю, Амалія Карловна, жестоко скучаю! Иной разъ нападаетъ такая тоска, что, право, умереть бы кажется легче!..

- Вы бы женились...

- Э! помилуйте, кто пойдетъ за меня! И состарѣлся я... да и вообще ничего во мнѣ нѣтъ такого...

- А я такъ думаю, - всякая пойдетъ за васъ... да еще какъ: за счастье почтетъ...

При этомъ, голова Чемезова опустилась еще ниже и шаги его замѣтно ускорились, Минуты двѣ прошли въ молчаніи. Лицо его и всѣ движенія изображали сильное внутреннее волненіе. Амалія Карловна сидѣла въ то время на диванѣ; черные ея глаза нетерпѣливо слѣдили за Чемезовымъ. Онъ неожиданно остановился передъ нею и, не смѣя поднять глазъ, произнесъ голосомъ, прерывавшимся на каждомъ словѣ:

- Вы... напримѣръ... пошли бы вы... за меня...

- Съ величайшимъ удовольствіемъ!!. отвѣчала она, быстро вставая и протягивая ему обѣ руки.

На другой день послѣ этого объясненія, многимъ изъ сослуживцевъ Чемезова бросилась въ глаза рѣзкая перемѣна не только въ его лицѣ, но и во всей его наружности, - даже въ способѣ ходить и держать себя съ товарищами. Такое превращеніе могло объясняться производствомъ въ слѣдующій чинъ или полученіемъ новаго знака отличія, - но, сколько извѣстно, ничего этого не случилось. Фактъ тотъ, что между прежнимъ Алексѣемъ Иванычемъ и теперешнимъ не было ничего общаго. Лицо его смотрѣло оживленно, сдержанная, щепетильная походка смягчалась небывалой развязностью движеній; онъ ходилъ скоро и глядѣлъ прямо передъ собою, точно спѣшилъ къ цѣли, - словомъ, весь казался какимъ-то возбужденнымъ, наэлектризованнымъ.

- Смотри пожалуйста - нашъ таинственный монахъ;- а, каковъ нынче?!. нашептывалъ Ефремовъ, подмигивая то тому, то другому.- Этакъ пожалуй и свѣта-преставленье скоро будетъ!!.

Зная нелюдимость и несообщительность Чемезова и не желая наскочить на неблагопріятный отвѣтъ, никто однако не рѣшился сунуться къ нему съ разспросами. Каждый наблюдалъ втихомолку небывалую суетливость его движеній, нетерпѣніе, съ какимъ перевертывалъ онъ листы и тутъ же принимался за другое дѣло, поспѣшность, съ какою ухватился онъ за шляпу и почти бѣгомъ пустился въ швейцарскую, какъ только пробило четыре часа.

Въ эти дни Чемезовымъ дѣйствительно овладѣла точно лихорадка.

Съ непрактичностью, которая его отличала, непрактичностью, успѣвшей развиться отъ многолѣтней, почти замкнутой жизни съ Марьей Ивановной, ему приходилось теперь бѣгать съ утра до вечера за разными покупками, хлопотать у священниковъ насчетъ вѣнчальныхъ документовъ, устраивать квартиру. Онъ думалъ нанять новую, но отказался отъ такой мысли, такъ какъ это отняло бы слишкомъ много времени. Главнымъ, настоятельнымъ желаніемъ его было, чтобы все это только кончилось, прошло какъ можно скорѣе. Усиленная озабоченность предметами совершенно новыми, неожидавными, отымала у него возможность привести въ порядокъ собственныя мысли. Чемезовъ не былъ влюбленъ, - онъ это чувствовалъ; онъ чувствовалъ даже, что между нимъ и Амаліей Карловной не было еще настоящаго, внутренняго, нравственнаго сліянія; кое-что ему даже не совсѣмъ нравилось, - было по крайней мѣрѣ не по сердцу; но онъ отклонялъ такія мысли, старался не думать объ этомъ, старался, напротивъ, убѣждать себя, что съ нею все-таки придетъ конецъ тоски, жизнь вступитъ въ свою колею, наступитъ спокойствіе, образуется наконецъ домашній очагъ, который, если и не будетъ тѣмъ, чѣмъ былъ прежде, - то во всякомъ случаѣ оживитъ, осмыслитъ его существованіе. Онъ хлопоталъ изо всѣхъ силъ, чтобы только скорѣе, скорѣе достигнуть дѣли. Онъ желалъ также этого для Амаліи Карловны. Она со своей стороны не менѣе также суетилась и торопила день свадьбы.

Встрѣтивъ крайнюю необходимость видѣть невѣсту, - Чемезовъ разъ вечеромъ отправился къ ней по адресу. Но дома ея не было. Прислужница объявила, что Амалія Карловна ушла въ театръ. Такое извѣстіе ударило его; наканунѣ она подтверждала, что весь слѣдующій вечеръ займется приготовленіемъ свадебнаго платья и не тронется съ мѣста. Осматриваясь кругомъ, онъ пораженъ былъ самымъ непріятнымъ образомъ неряшливымъ видомъ, въ какомъ содержались меблированныя комнаты. Онѣ раздѣлялись темнымъ, нескончаемымъ коридоромъ, освѣщеннымъ вонючей керосиновой лампой; копоть отъ нея распространялась чернымъ

41

пятномъ по стѣнѣ съ грязными обоями. По серединѣ коридора прогуливался, какъ у себя дома, какой-то небритый усатый господинъ въ туфляхъ и халатѣ: "Невѣжа! И бѣдная Амалія Карловна должна была все это выносить и видѣть!!." подумалъ Чемезовъ, спускаясь по лѣстницѣ.

На другой день онъ разсказалъ ей о своемъ неудачномъ посѣщеніи. Она вспыхнула, торопливо заговорила, назвавъ прислужницу безтолковой бабой, постоянно все путавшей. Ей въ голову не приходило выходить куда-нибудь - и тѣмъ менѣе въ театръ; до театра ли теперь? Она отправилась всего на четверть часа съ тѣмъ, чтобы купить иголокъ и бѣлаго шелку, которыхъ недоставало для окончанія платья...

Вопросъ о шаферахъ начиналъ также безпокоить Чемезова. Когда онъ вѣнчался съ Марьей Ивановной, свидѣтелями были: управляющій домомъ, гдѣ нанималъ онъ квартиру, два писаря и еще неизвѣстное какое-то лицо, подставленное услужливымъ дьякономъ; теперь очевидно нельзя было такъ; требовалось другое. На Амалію Карловну нельзя было разсчитывать; у нея никого рѣшительно не было, т. е. были знакомые, но она ихъ не желала. Онъ подумалъ о маленькомъ суетливомъ редакторѣ Незабудочки, - но вспомнилъ, что не видалъ его очень давно и счелъ неловкимъ обратиться къ нему съ такой просьбой. Оставались сослуживцы. Также несовсѣмъ было ловко: онъ держалъ себя съ ними такъ отдаленно, такъ старательно избѣгалъ всегда тѣснаго сближенія съ ихъ обществомъ. Но они все-таки были ближе; большая часть состояла даже несомнѣнно скорѣе изъ добрыхъ людей. Онъ рѣшился наконецъ прямо обратиться къ Ефремову, какъ ближайшему изъ нихъ, и просить его взять на себя и устроить дѣло.

Войдя въ департаментъ, Чемезовъ крайне удивился, когда Ефремовъ встрѣтилъ его такими словами:

- Вы женитесь, Алексѣй Иванычъ, - отъ души поздравляю!..

- Какъ вы объ этомъ узнали?..

- Социперовъ передалъ; ему сказалъ фотографъ Хохловъ; онъ доводится, кажется, двоюроднымъ братомъ вашей невѣстѣ...

- У нея нѣтъ никакихъ двоюродныхъ братьевъ... возразилъ Чемезовъ.

- Такъ говорили. Но впрочемъ все равно, - радъ; душевно радъ! подхватилъ Ефремовъ, узнавъ причину обращенія къ нему Чемезова, - когда такъ, позвольте же, батенька, какъ слѣдуетъ, по христіанскому нашему русскому обычаю, начать съ того, чтобы расцѣловать васъ... Разъ... два... три... Не говорилъ ли я вамъ: надо развлечься! - Ну и прекрасно!.. Все, батенька, устрою вамъ, все! дрожайшій Алексѣй Иванычъ! И шаферовъ пригласимъ и все такое... Сегодня же зайду въ "Малый Ярославецъ", переговорю насчетъ особой комнаты; тамъ есть одна красная: видъ чудный! Впереди Большая Морская, справа арка главнаго

42

штаба, - словомъ: ве-ли-ко-лѣпно!.. Закуска, обѣдъ, все будетъ какъ слѣдуетъ; предупредите только заблаговременно насчетъ дня свадьбы; дальше вамъ, дорогой другъ, нечего безпокоиться; такъ, батенька, накормимъ, что всѣ перелопаются!..

- Пожалуйста нельзя ли только, чтобы все это было какъ можно скромнѣе... замѣтилъ Чемезовъ.

- Вы говорите насчетъ расходовъ?

- Вовсе нѣтъ; насчетъ того, чтобы не было слишкомъ большой компаніи... я не привыкъ къ этому; да вообще это не въ моемъ характерѣ...

- Знаю, знаю... Никого, кромѣ своихъ! Будьте только благонадежны, не думайте объ этомъ; у меня такъ: сказано - сдѣлано!..

На этомъ они разстались.

- Послушай, Петръ Никифоровичъ, замѣтилъ столоначальникъ Сельдерeевъ послѣ того какъ Ефремовъ передалъ нѣкоторымъ изъ товарищей разговоръ свой съ Чемезовымъ, - воля твоя, тутъ что-то не такъ... Съ его стороны, по крайней мѣрѣ, согласись самъ, есть чему удивиться...

- Удивиться нечему, возразилъ Социперовъ, - стоило взглянуть десять дней тому назадъ, когда онъ вошелъ въ департаментъ; мнѣ тогда же бросилось въ глаза и я сказалъ себѣ...

- Думаешь, тутъ что-нибудь того... не ладно? перебилъ Ефремовъ, пробарабанивъ по лбу.

- Думаю...

- Ну, и думай, Богъ съ тобой! А мы пока, честнымъ пиркомъ да и за свадебку, или вѣрнѣе такъ: справимъ сначала свадьбу, а потомъ приступимъ, благословясь, къ честному пирку! заключилъ Ефремовъ, похлопывая ладонями по животу.

VI

Насталъ, наконецъ, торжественный день. Чемезовъ, въ бѣломъ галстукѣ, во фракѣ съ двумя орденами въ петлицѣ, ходилъ скорыми шагами по комнатамъ въ ожиданіи невѣсты. Онъ былъ въ кабинетѣ, когда она неожиданно явилась въ вѣнкѣ изъ цвѣтовъ померанца, въ бѣломъ платьѣ съ длиннымъ шумѣвшимъ шлейфомъ. Запахъ тончайшихъ духовъ мгновенно распространился по всей комнатѣ.

Поздоровавшись съ Алексѣемъ Иванычемъ, она съ первыхъ словъ

положила ему ладони на плеча, прищурила черные глаза и произнесла, заманчиво улыбаясь:

- Алексѣй Иванычъ, вы на меня не разсердитесь?.. скажите, что нѣтъ...

- Нѣтъ.

- Я пригласила въ церковь и на обѣдъ одного моего знакомаго...

- Вы говорили: не хотите вашихъ знакомыхъ...

- Да; но этотъ очень хорошій... Онъ даже мнѣ нѣсколько съ родни... по маменькѣ...

Амалія Карловна неожиданно поцѣловала жениха въ щеку:

- Представьте: я совсѣмъ объ немъ забыла! подхватила она оживленно, - три года не видались... Иду вчера по гостиному двору, - вдругъ онъ! я тутъ же ему все разсказала и пригласила...

- Кто же онъ?

- Ахъ, очень хорошій... онъ занимается фотографіей... Хохловъ его фамилія... маменькина фамилія... Но я вижу, вы не веселы, Алексѣй Иванычъ... Я замѣчаю, вы какъ будто чѣмъ-то недовольны?.. продолжала она слезливо, хотя губы ея не переставали улыбаться, - подумаютъ, право, вы женитесь противъ воли... по принужденію... Въ эти послѣдніе два дня я просто не узнаю васъ; никогда не видала васъ такимъ мрачнымъ, разстроеннымъ... Что съ вами?.. Да улыбнитесь же!..

Чемезовъ сдѣлалъ усиліе, чтобы улыбнуться, но вмѣсто улыбки вышла кислая фигура.

Амалія Карловна отвернулась, хотѣла удержаться, но не могла, и засмѣялась.

Алексѣй Иванычъ ничего не сказалъ, но по лицу его замѣтно пробѣжала тѣнь неудовольствія. Смѣхъ этотъ не столько обижалъ его самого, сколько казался ему неумѣстнымъ въ тѣ минуты, когда надо было думать ѣхать къ вѣнцу.

Замѣчаніе Амаліи Карловны было тѣмъ не менѣе совершенно справедливо: въ послѣдніе дни Чемезовъ казался дѣйствительно задумчивѣе, мрачнѣе обыкновеннаго. Ему самому трудно было опредѣлить настоящее состояніе своихъ чувствъ. Надежда на счастье и сомнѣнія, смертельная тоска и радость отъ нея освободиться, смѣнялись поперемѣнно.

"Не увлекся ли я? повторялъ онъ себѣ время отъ времени;- найду ли то, чего ожидаю?.. Ея ревность къ труду очевидно не больше какъ вспышка. Не по характеру... Можетъ-быть, молодость также мѣшаетъ... Но та... та была еще моложе и было все-таки счастье!.. Возвращу ли себѣ привязанность, безъ которой жить такъ тягостно... И наконецъ: есть ли въ ней настоящее чувство?.. Связываетъ, однакожъ, свою судьбу съ моею, - не даромъ, стало-быть!.. И все-таки спрашиваю себя: не поторопился ли я?.."

Мысли эти, начинавшія тревожить его, никогда не приходили одиноко: онѣ неизбѣжно всегда связывались съ воспоминаніями о покойницѣ. Не то сожалѣніе, не то раскаяніе овладѣвали имъ въ такія минуты. Но все опять уступало мѣсто внутренней борьбѣ между сомнѣньями и надеждой на счастье, смертельной тоской и радостью отъ нея избавиться.

Смѣхъ едва успѣлъ умолкнуть на губахъ Амаліи Карловны, когда въ передней раздался звонокъ. Лакей, присланный Ефремовымъ, побѣжалъ отворять; минуту спустя онъ подалъ Чемезову записку.

Амалія Карловна поспѣшно встала съ дивана.

- Не мнѣ ли? спросила она.

- Нѣтъ, отвѣтилъ онъ, срывая конвертъ.

Въ запискѣ четкимъ почеркомъ было обозначено; "Остерегайтесь. Васъ обманываютъ", И только.

- Это ложь! Клевета! Гнусная клевета! вскричала Амалія Карловна, бѣгло взглянувъ на записку.

Лицо ея неожиданно измѣнилось; губы ея и брови искривились; носъ побѣлѣлъ и заострился; глаза сверкнули такимъ блескомъ, что Чемезовъ невольно попятился.

- Это враги мои! подхватила она, придавая такъ же неожиданно слезливое выраженіе лицу и голосу, - чего хотятъ они отъ меня?.. Что я имъ сдѣлала? Я даже знаю, кто тотъ негодяй, который послалъ это анонимное письмо... Сейчасъ же все объясню вамъ...

Но объясненію не суждено было осуществиться. Въ прихожей раздался новый звонокъ и одинъ за другимъ вошли, расшаркиваясь, Ефремовъ, Социперовъ и еще два чиновника: надворный совѣтникъ Бабкинъ и губернскій секретарь Сельдереевъ,

- Я кое-кого еще пригласилъ, суетливо заговорилъ Ефремовъ, едва переводя духъ отъ одышки, - но они будутъ ждать въ церкви; оттуда уже всѣ вмѣстѣ, - огуломъ такъ сказать, - отправимся въ Малый Ярославецъ. Тамъ все готово!.. Позвольте, сударыня, имѣть честь представиться...

Тутъ онъ остановился передъ Амаліей Карловной, успѣвшей совершенно оправиться, развелъ руками какъ актеръ, вызванный на сцену, отвѣсилъ низкій поклонъ и началъ поочередно представлять сослуживцевъ, которымъ Чемезовъ успѣлъ уже разсѣянно пожать руки.

Роль распорядителя очевидно увлекала Ефремова; озабоченное выраженіе на его кругломъ лицѣ приводило на память церемоніймейстера, представляющаго пословъ; его толстая, осанистая фигура могла бы дополнить впечатлѣніе, если бъ окончательное сходство не нарушалось, къ сожалѣнію, небрежностью туалетной обстановки; бѣлый галстукъ былъ далеко не первой свѣжести, на обшлагахъ затрепаннаго фрака виднѣлись слѣды пятенъ отъ разныхъ соусовъ, старыя панталоны, приподнятыя разросшимся животомъ, открывали выше щиколки плохо вычищенные сапоги, прическа была "au naturel" - изъ сѣрыхъ сухихъ и взъерошенныхъ завитковъ, разлетавшихся во всѣ стороны. Въ этомъ видѣ онъ представлялъ совершенную противоположность съ надворнымъ совѣтникомъ Бабковымъ, - кругленькимъ и гладенькимъ, какъ огурчикъ, человѣкомъ, съ крестомъ на шеѣ, вылощенной накладкой на черепѣ, гладкомъ какъ чайникъ, крашеными бакенбардами и съ головы до ногъ опрысканнымъ о-де-колонью. Сельдереевъ не былъ такъ надушенъ и не имѣлъ креста на шеѣ, - но бралъ ростомъ и молодостью; ростъ, впрочемъ, придавалъ ему чахоточный видъ, а молодость выражалась менѣе чертами лица, чѣмъ узенькими лаковыми ботинками, которыя такъ стѣсняли ноги, что, казалось, выжимали слезы изъ глазъ владѣльца, прикрытыхъ золотыми очками. Съеженная, завистливая наружность Социперова уже извѣстна; прибавить можно только, что онъ не грызъ ногтей потому, что мѣшали перчатки.

Каждый разъ, какъ Ефремовъ подводилъ Амаліи Карловнѣ которагонибудь изъ шаферовъ, - она окидывала его пытливымъ взглядомъ, застѣнчиво потомъ опускала рѣсницы и церемонно кланялась.

- Пора, однакожъ, господа; все готово: шафера налицо, священникъ у амвона, кареты у подъѣзда! заговорилъ Ефремовъ, пробуя надѣть перчатку, которая никакъ не влѣзала, - полноте же вамъ смущаться, дражайшій Алексѣй Ивановичъ; чувства ваши я понимаю... вполнѣ! но теперь не до философскихъ размышленій, - надо дѣйствовать!..

Онъ припалъ правымъ плечомъ и согнулъ калачикомъ руку, чтобы подать ее невѣстѣ, но опомнился и поспѣшилъ выставить впередъ Бабкова, который повелъ Амалію Карловну къ выходной двери. Ефремовъ, желая вѣроятно ободрить Чемезова, подхватилъ его за талію, но тотъ осторожно отвелъ его руку, взялъ шляпу и въ сопровожденіи остальныхъ лицъ вышелъ изъ кабинета, Но Ефремовъ слишкомъ занятъ былъ своей ролью, чтобы останавливаться передъ такими мелочами. Онъ торопливо протискался впередъ, ворвался въ прихожую и, увидавъ невѣсту въ шубѣ, настоятельно сталъ требовать, чтобы она прикрыла голову оренбургскимъ платкомъ и надѣла мѣховые сапожки.

- Не выпущу безъ этого, говорилъ онъ, обматывая себѣ шею шерстянымъ шарфомъ, сильно подточеннымъ молью, - ни за что не выпущу; помилосердуйте: двадцать градусовъ и вѣтеръ въ придачу; такъ прямо изъ Шлиссельбурга и поджариваетъ!.. брр!..

Морозило дѣйствительно сильно; но небо было покрыто и обѣщало къ вечеру оттепель.

Въ церкви Чемезова непріятно поразило скопище любопытныхъ. Ефремовъ увѣрялъ, никого не будетъ кромѣ шаферовъ и двухъ-трехъ близкихъ знакомыхъ; вмѣсто того встрѣтилось множество сослуживцевъ и еще больше совершенно незнакомыхъ лицъ. Изъ числа послѣднихъ Ефремовъ представилъ жениху пріятеля своего, Фукса, молодого человѣка, рябого какъ кукушка, съ рыжими волосами, и тутъ же, мимоходомъ, подвелъ другого пріятеля, Фанфарова, рослаго, кудряваго господина, съ черными бакенбардами въ видѣ котлетокъ. Амалія Карловна, со своей стороны робко подвела фотографа Хохлова, - писанаго красавца съ подточенными усиками, спаньолкой, прической à la "чортъ меня побери" и пестрымъ галстучнымъ бантомъ такого же эффектнаго характера.

Чемезовъ ограничился поклонами. Ему было не до любезностей. Видя себя предметомъ всеобщаго любопытства, онъ въ первыя минуты совсѣмъ растерялся.

Къ счастію, обрядъ вѣнчанія произошелъ очень скоро.

Начались поздравленія. Чемезовъ былъ такъ взволнованъ, что не находилъ словъ въ отвѣтъ на привѣтствія. Въ то время, какъ Амалія Карловна пожимала всѣмъ руки, казалась такою веселой и всѣмъ улыбалась, - онъ готовъ былъ убѣжать и скрыться куда-нибудь подальше. Передъ нимъ, какъ точка свѣта въ темнотѣ, ясно мелькала одна мысль: "Скорѣе бы все это только кончилось... скорѣе бы освободиться!.." Но дѣлать было нечего, надо было овладѣть собою; предстоялъ еще обѣдъ въ "Маломъ Ярославцѣ"!

Тутъ, надо сказать, Ефремовъ въ самомъ дѣлѣ отличился. Комната оказалась та самая, которую онъ такъ краснорѣчиво расхваливалъ. Столъ былъ сервированъ на славу. Свѣтъ двухъ большихъ канделябръ и средней люстры ослѣпительно игралъ на граняхъ стекла, разливался по серебру, бутылкамъ и салфеткамъ, сложеннымъ калачомъ на тарелкахъ. Сбоку у стѣны находился другой столъ, покрытый всевозможными водками и закусками. Подлѣ открывалась дверь въ комнату, также освѣщенную.

Ефремовъ стоялъ у входной двери и съ торжествующимъ видомъ вводилъ гостей.

Убѣдившись, что всѣ налицо, онъ сдѣлалъ самодовольный, выразительный жестъ по направленію къ большому столу, произнесъ: "Ну, что, дражайшій Алексѣй Иванычъ, какова механика!.." и тотчасъ же приступилъ къ распредѣленію молодыхъ и гостей:

- На почетномъ мѣстѣ, здѣсь, садится Амалія Карловна, лицомъ къ ней - молодой! подлѣ молодой, съ правой руки, ея шаферъ Бабковъ; съ лѣвой - Сельдереевъ; подлѣ молодого, справа - Социперовъ, слѣва - я!.. Пожалуйте!.. заключилъ онъ, подавая руку Амаліи Карловнѣ и подводя ее

47

къ закускѣ; онъ тутъ же однакожъ ловко уступилъ свою даму фотографу Хохлову и приступилъ къ водкѣ.

Столъ былъ тотчасъ же окруженъ. Чемезовъ напрямикъ отказался отъ закуски; у него начиналась жестокая головная боль.

- Что жъ ты, Сельдереевъ? такой тоненькой, а пролѣзть не можешь! кричалъ Ефремовъ, набивая ротъ.- Фанфаровъ, рекомендую: селедки - просто сахаръ, икра - медъ, фаршированные раки - конфеты, осетрина - мое почтенье!!.. Такой осетрины, замѣть себѣ Бабковъ, ты нигдѣ не найдешь, поѣзжай хоть въ самую Астрахань!

- Вамъ свѣжей икры, Амалія Карловна? внимательно освѣдомился Хохловъ.

- Да, но я больше люблю эту сухую икру... не знаю только какъ ее назвать...

- Паюсная, сударыня!.. Паюсная!!.. воскликнулъ Ефремовъ съ выраженіемъ упрека въ голосѣ.

Но супъ былъ поданъ и всѣ поспѣшили къ своимъ мѣстамъ.

Обѣдъ обѣщалъ большое веселье. Ефремовъ, глотая пирожки какъ пилюли и заливая ихъ раковымъ супомъ, немедленно приступилъ къ своимъ шуточкамъ; Фанфаровъ и рыженькій Фуксъ усердно его поддерживали.

Ахалія Карловна не переставала смѣяться, прислушиваясь къ шептанію Хохлова и Сельдереева, которые, въ перегонку, сообщали ей, вѣроятно, очень забавныя вещи. Бабковъ и Социперовъ пока мало говорили, но все равно, сердце радовалось при видѣ, какъ они ѣли. Здѣсь, очевидно, не было мѣста для унынія, - и съ этой стороны Чемезовъ могъ считаться лишнимъ. Онъ самъ, повидимому, хорошо это чувствовалъ. Къ счастью еще, мало къ нему обращались. Зная его угрюмую несообщительность, сослуживцы оставляли его "разводить меланхолію", какъ выразился Ефремовъ. Социперовъ, никогда особенно не сочувствовавшій Чемезову и взявшій на себя роль шафера только по настоятельной просьбѣ Ефремова, едва перекинулся съ нимъ двумя-тремя словами. Остальные, кромѣ Амаліи Карловпы, - еще меньше о немъ заботились; вниманіе ея больше, впрочемъ, ограничивалось взглядами. Встрѣчая всякій разъ его нахмуренное, мрачное лицо, глаза ея теряли свою пріятность и брови соединялись у переносицы; но это продолжалось нѣсколько секундъ. Увлекаемая любезностью сосѣдей, она снова смѣялась и кокетливо прищуривала глазки. Вообще, надо сказать, она менѣе напоминала теперь институтку, но скорѣе даму бойкаго свойства. Каждый разъ какъ кто-нибудь говорилъ съ нею, она возражала съ увѣренностью, рѣсницы ея не опускались, глаза смѣло смотрѣли впередъ или заманчиво прищуривались въ отвѣтъ на любезности.

Обѣдъ между тѣмъ шелъ своимъ чередомъ. Блюда и вина смѣнялись, разговоры оживлялись, веселье возрастало. У Фанфарова, послѣ второй рюмки хереса, открылся безподобный басъ, и онъ гремѣлъ неумолкаемо; ему вторилъ пискливый дискантъ рыженькаго Фукса, вступавшаго въ споръ съ Хохловымъ. Ефремовъ успѣлъ уже разсказать свой знаменитый анекдотъ о чиновникѣ съ разслабленнымъ желудкомъ, который вдругъ испугался козла, и спохватился прервать его, когда уже было поздно. Фуксъ и Хохловъ все больше и больше горячились. Фанфаровъ, очевидно начинавшій придираться къ Бабкову, непочтительно заговорилъ вдругъ о чиновникахъ, назвавъ ихъ "канцелярскими крысами". Бабкову, конечно, не въ первый разъ приходилось слышать такое выраженіе, но тутъ онъ почему-то вдругъ обидѣлся. По всей вѣроятности, онъ обидѣлся бы еще больше, если бъ могъ замѣтить, что всякій разъ, какъ наклонялъ раскраснѣвшееся лицо, Амалія Карловна, сидѣвшая рядомъ, указывала Хохлову глазами на его паричокъ, расходившійся звѣздой на макушкѣ; но Фанфаровъ неожиданно какъ-то перешелъ къ ресторану Доминика и началъ его расхваливать, - чѣмъ, съ другой стороны, задѣлъ за живое Ефремова.

- Дудки! вскричалъ Ефремовъ, - чепуха!!.. Чѣмъ вздоръ говорить, лучше лей! лей да сосѣдямъ подливай!.. Социперовъ, налей еще себѣ дрей-мадерки и передавай дальше... Дорогая наша красавица-молодая, вы совсѣмъ околдовали вашихъ сосѣдей; они только любуются на ваши глазки и ничего въ ротъ не берутъ!.. Хохловъ, Фуксъ, - вы опять заспорили!.. А, наконецъ-то, вотъ она, вотъ наша голубушка! восторженно провозгласилъ онъ при видѣ блюда съ индѣйкой, которое вносилъ половой, - давай его сюда, Ефимушка, сюда ставь передо мной, я самъ ее разрѣжу... Хотѣлъ заказать парочку фазановъ, но ихъ не нашлось, шепнулъ онъ мимоходомъ подъ ухо Чемезову, который даже не поблагодарилъ его за такое намѣреніе, - ну-тка, Фанфаровъ, заключилъ онъ, - поди-ка къ своему Доминику, посмотри, сумѣетъ ли онъ такъ зажарить!.. Нѣтъ:- тю-тю, молода еще, въ Саксоніи не была! Кожица-то сама отстаетъ... даже, смотри, пузырики по ней бѣгаютъ... Господа, кому что угодно: съ одного боку яблоки, - съ другого каштаны...

На минуту всѣ занялись индѣйкой.

Но подали еще вина, наконецъ, полилось шампанское и въ поднявшемся шумѣ раздались голоса Ефремова и Фанфарова, провозглашавшіе тосты.

- За здоровье молодыхъ! кричалъ Ефремовъ, выкатывая глаза и подымаясь со стула.

- За здоровье молодыхъ! ревѣлъ Фанфаровъ, потрясая бокаломъ.

- За здоровье молодыхъ! кричали не менѣе усердно остальные,

подходя поочередно къ Амаліи Карловнѣ и Чемезову, который, какъ волкъ окруженный собаками, бросалъ во всѣ стороны растерянные взгляды.

Социперовъ воспользовался минутой, когда поздравленія были въ полномъ разгарѣ, мигнулъ Ефремову и отвелъ его къ окну.

- Помнишь, что я говорилъ насчетъ... шепнулъ онъ, указывая глазами на Чемезова.

- Ну...

- Теперь я въ этомъ не сомнѣваюсь...

- Въ чемъ?..

Социперовъ приложилъ палецъ ко лбу и хотѣлъ продолжать, но Ефремовъ не дослушалъ; въ эту минуту подавали дутый малиновый пирогъ, прозванный почему-то Ефремовымъ "пустой надеждой", - и онъ снова поспѣшилъ къ столу.

Фанфаровъ, у котораго одна бакенбарда скосилась на сторону, приставалъ между тѣмъ теперь къ молодому; онъ убѣждалъ Чемезова покинуть мрачный видъ, увѣряя, что веселость, съ его стороны, - въ нѣкоторомъ родѣ теперь даже обязательна.

- Справедливо! заголосилъ Ефремовъ.- Вы, дражайшій Алексѣй Иванычъ, должны теперь сіять, блаженствовать! И вмѣсто того, что же мы видимъ? Видимъ печальное, разстроенное лицо!.. На всѣхъ сошлюсь: похожъ ли, господа, нашъ дорогой Алексѣй Иванычъ на молодого?.. Спрашивается: что подумать должна, наконецъ, наша красавица-молодая?.. Глядя на нее, сердце: тукъ-тукъ - такъ и подпрыгиваетъ... Вы, между тѣмъ, хоть бы улыбнулись, словцомъ подарили... Но погодите, почтеннѣйшій, это вамъ даромъ не пройдетъ! Амалія Карловна растормошитъ васъ... Самъ начну теперь къ вамъ навѣдываться, самъ наблюдать стану... всѣ мы наблюдать будемъ... Не такъ ли, господа? Фу, Боже мой, да оживитесь же, оживитесь!.. заключилъ онъ, похлопывая Чемезова ладонью по спинѣ.

Чемезовъ отодвинулъ стулъ и поднялся съ мѣста. Ефремовъ объявилъ, что обѣдъ конченъ, всталъ вмѣстѣ съ Чемезовымъ и велѣлъ подавать кофе и ликеры.

Амалія Карловна поспѣшно подошла къ мужу.

- Что съ вами?.. спросила она, стараясь вызвать на лицѣ выраженіе участія и безпокойства.

Но усилія ея были совершенно лишнія. Уже въ послѣдніе дни сомнѣнія начинали въ немъ устанавливаться. То, что произошло утромъ: неожиданное родство съ Хохловымъ, путаница ея объясненій, анонимное предостереженіе, какіе-то враги, о которыхъ прежде помину не было, раскрыли ему глаза. Но въ это утро его чувства и мысли были слишкомъ

50

взволнованы; онъ ходилъ какъ въ туманѣ, терялся, готовъ былъ, казалось, рѣшиться на смѣлый шагъ, - но тутъ же откладывалъ такое намѣреніе, падалъ духомъ и въ послѣднюю минуту отступилъ въ страхѣ передъ неминуемыми трагическими сценами и скандаломъ. Теперь онъ вполнѣ очнулся, понялъ, куда завлекла его тоска и безумное желаніе отъ нея освободиться, понялъ вполнѣ глубину своего несчастья. Горечь обманутыхъ чувствъ и надеждъ смѣнилась въ его сердцѣ негодованіемъ. Онъ не могъ выносить теперь вида этой женщины. Какъ только она подошла, онъ отвелъ глаза въ сторону и, не отвѣтивъ на ея вопросъ, скорѣе отошелъ къ окну.

Амалія Карловна хотѣла за нимъ послѣдовать, хотѣла объясниться, - но въ это время загородили ей путь Фуксъ, Хохловъ и Сельдереевъ, - одинъ съ чашкою кофе, другой съ коробкой конфетъ, третій съ перчатками, которыя она забыла на столѣ.

Амалія Карловна, не мѣшаетъ замѣтить, въ продолженіе обѣда стыдилась за своего мужа; онъ могъ молчать и быть разстроеннымъ сколько угодно, но не теперь, когда то и другое ставило ее въ такое неловкое положеніе передъ чужими. Съ ея стороны сдѣлана была, кажется, достаточная уступка тѣмъ, что она подошла къ нему, хотѣла дальше за нимъ послѣдовать, вопреки его грубому обращенію;- но дальше, послѣ того какъ онъ отвернулся и отошелъ къ окну, что же оставалось ей дѣлать? Оставалось показать видъ, что она нисколько не обижается его дикими выходками. "Это послужитъ ему урокомъ", подумала она, принимая снова веселый видъ.

- Сюда, красавица; сюда на диванчикъ, милости просимъ! Тутъ, драгоцѣнная, вамъ будетъ удобнѣе, кричалъ между тѣмъ Ефремовъ изъ ближайшаго угла.

Амалія Карловна приняла чашку изъ рукъ Фукса и, улыбаясь направо и налѣво своимъ кавалерамъ, направилась къ дивану.

- Сюда, золотая... сюда... подхватилъ съ увлеченіемъ Ефремовъ, между тѣмъ какъ Фуксъ услужливо подкладывалъ подушку, Хохловъ высматривалъ для себя удобное мѣсто, Фанфаровъ раскрывалъ фортепіано, Бабковъ дѣлалъ усилія, чтобы встать изъ-за стола, и глупо улыбался, а Социперовъ смотрѣлъ задумчиво на остатокъ пирожнаго. Чемезовъ воспользовался этой минутой и незамѣтно прошелъ въ сосѣднюю комнату.

- Вотъ такъ, золотая, - я говорилъ, здѣсь будетъ удобнѣе, хлопоталъ Ефремовъ, окончательно разнѣживаясь, - и ножки ваши сахарныя вытянуть можете... вотъттакъ... а сюда, подъ плечико, подушечку. Ефимушка, еще бутылочку холодненькаго, обратился онъ къ входившему половому... а гдѣ же Розенкранцъ? (такъ звалъ онъ въ минуты увлеченья

51

Прохора, другого полового) - знаю, должно быть также гдѣ-нибудь на свадьбѣ...

Амалія Карловна расположилась на диванѣ, принявъ граціозную позу, Хохловъ улегся Гамлетомъ у ея ногъ, Фуксъ усѣлся въ головахъ, Бабковъ и Социнеровъ, - одинъ сентиментально, другой настоятельно, потребовали себѣ мѣста подлѣ молодой; Ефремовъ собирался къ нимъ присоединиться, но въ эту самую минуту Фанфаровъ брякнулъ по клавишамъ и заигралъ "камаринскую".

- Не могу, драгоцѣнная Амалія Карловна, - это выше силъ моихъ!.. Играй громче! воскликнулъ Ефремовъ, бросаясь раздвигать стулья между столомъ и входной дверью.

Онъ закинулъ назадъ голову, подобралъ фалды и, колыхаясь какъ бочка, пущенная на воду, принялся выплясывать "русскую", мелко сѣменя ногами и приговаривая:

- Вотъ какъ мы съ нашей сѣдинкой!.. Вотъ какъ!.. Смотрите, Алексѣй Иванычъ, какъ надо веселиться! Произведутъ въ дѣйствительные - нельзя будетъ... не по чину!.. Громче, Фанфаровъ!!.. Надо же наконецъ развеселить молодого!.. Это просто ни на что не похоже!!.. вотъ какъ мы, Алексѣй Иванычъ!.. Но, гдѣ же онъ?.. проговорилъ Ефремовъ, оглядываясь вокругъ и неожиданно останавливаясь.

- Гдѣ же въ самомъ дѣлѣ Алексѣй Иванычъ?.. освѣдомилась Амалія Карловна, отталкивая Фукса, который начиналъ цѣловать ей руки, не замѣчая раздраженныхъ взглядовъ Хохлова.

- Гдѣ онъ? спросили остальные.

- Эй, люди!.. Ефимъ! Кто тамъ?.. засуетился Ефремовъ, подходя къ двери.

Вошедшій половой объяснилъ, что господинъ, о которомъ спрашиваютъ, изволили уйти.

При этомъ извѣстіи всѣ встали со своихъ мѣстъ.

- Ушли, подтверждалъ половой.- Вскорѣ, какъ изъ-за стола встали, уйти изволили; вышли вѣроятно въ эту комнату, оттуда въ коридоръ, спросили шубу и ушли...

- Вотъ такъ штука! проговорилъ Ефремовъ, обводя присутствующихъ недоумѣвающими глазами.- Что жъ это значитъ?.. Какъ объяснить?.. Все могло случиться, но этого... этого, признаюсь...

- Боже мой!.. Боже мой!.. воскликнула Амалія Карловна, закрывая лицо руками и снова опускаясь на диванъ.

Всѣ бросились къ ней и начали ее успокоивать.

Одинъ Ефремовъ не трогался съ мѣста; выпучивъ глаза, онъ стоялъ какъ громомъ пораженный.

VII

Чемезовъ между тѣмъ направлялся скорыми шагами по Большой Морской.

Сумрачное небо, обѣщавшее утромъ оттепель, отчасти только оправдало ожиданія. Морозъ дѣйствительно убавился, но холодное утро смѣнилось туманнымъ вечеромъ; къ ночи туманъ такъ сгустился, что фонари просвѣчивали какъ сквозь сѣрую, мокрую тафту. Усиленный шумъ каретъ, движеніе на улицахъ - показывали, что представленіе въ театрахъ только что кончилось. Въ ресторанѣ Бореля окна бель-этажа горѣли огнями; насколько позволялъ туманъ, можно было различить зажженыя люстры; тамъ, вѣроятно, не успѣли кончить большого обѣда или приготовлялись къ заказному ужину. Толпа зѣвакъ тѣснилась на тротуарѣ. Въ другихъ мѣстахъ тротуаръ былъ почти свободенъ. Торопливо проходили пѣшеходы съ поднятымъ воротникомъ, опушеннымъ подлѣ рта изморосью, проходили иногда женщины, замедлявшія шагъ передъ фонарями: мелькала эксцентрическая шляпка, изъ-подъ которой смотрѣло набѣленное лицо и выглядывали два бойкіе глаза.

Чѣмъ дальше оставалась за спиною Большая Морская, тѣмъ замѣтнѣе умолкалъ шумъ и рѣже встрѣчались пѣшеходы.

Улицы, наполненныя туманомъ, уходили въ непроглядную ночь, и кромѣ тусклыхъ фонарей рѣдко гдѣ встрѣчались освѣщенныя окна.

Чемезовъ продолжалъ итти, не замѣчая, что многіе, при встрѣчѣ съ нимъ, сторонились, иногда останавливались и смотрѣли ему вслѣдъ. Каждый болѣе или менѣе выводилъ заключеніе, что встрѣтилъ пьянаго или, скорѣе, несчастнаго игрока, готоваго броситься въ ближайшую прорубь; во всякомъ случаѣ, никто не думалъ видѣть въ немъ господина, спокойно возвращающагося съ вечеринки въ бѣломъ жилетѣ и галстукѣ.

Онъ шелъ съ распахнутой шубой, низко опущенной головой, открывавшей сзади голую шею, и руки его дрожали, но дрожь происходила менѣе отъ мороза, чѣмъ отъ внутренняго лихорадочнаго озноба, который прошелъ въ него еще на лѣстницѣ "Малаго Ярославца". При всемъ томъ, онъ казался менѣе взволнованнымъ, чѣмъ видѣли его въ концѣ обѣда. Судорожныя подергиванія въ лицѣ прекратились; глаза не бросали растерянныхъ взглядовъ; они, напротивъ, скорѣе пристально куда-то всматривались. Чемезовымъ точно постепенно овладѣвала преимущественно одна мысль, отклонявшая всѣ остальныя. Сосредоточиваясь на ней болѣе и болѣе, онъ почти безсознательно повернулъ на Екатерининскій каналъ и остановился передъ воротами дома, гдѣ нанималъ квартиру во второмъ этажѣ, окнами прямо противъ фонаря.

Заспанный дворникъ, тяжело переваливаясь въ лохматой шубѣ и валенкахъ, отворилъ ему калитку. Чемезовъ шагнулъ черезъ порогъ подъ ворота. Темнота была страшная. Огни на дворѣ были погашены; жильцы, - по большей части люди мирные, - давно спали. Чемезовъ машинально вынулъ изъ кармана шубы ключъ отъ квартиры и съ тѣмъ же напряженнымъ, неподвижнымъ взглядомъ, устремленнымъ въ темноту, - началъ подыматься по лѣстницѣ.

Достигнувъ второго поворота, онъ неожиданно остановился и быстро откинулся назадъ; ему очевидно хотѣлось ухватиться за что-нибудь руками, но пальцы судорожно ощупывали позади спины иней, покрывавшій гладкую стѣну. Шуба его скосилась съ плеча, шляпа чуть не упала къ ногамъ. Но онъ неподвижно стоялъ на прежнемъ мѣстѣ; у него не хватало силы оторвать глаза отъ бѣловатаго туманнаго пятна, которое какъ бы вдругъ выступило изъ мрака лѣстницы... Съ каждой секундой пятно это увеличивалось и свѣтлѣло... Туманъ слегка вытягивался и начиналъ тихо колебаться, отдѣляя отъ себя словно складки бѣлаго платья... Нѣсколько выше стало выясняться лицо... Оно пока едва примѣтно складывалось, заслоняясь проходившими мимо тонкими волнами тумана... Но волны эти отходили, точно сдуваемыя вѣтеркомъ, и лицо каждый разъ дѣлалось яснѣе... Въ немъ, - почудилось Чемезову, - обрисовались знакомыя, когда-то нѣжнолюбимыя черты...

Въ одинъ мигъ все исчезло; мракъ и тишина снова окутали лѣстницу.

Чемезовъ не помнилъ, какъ отворилъ дверь квартиры, какъ вошелъ въ нее; не отдавая себѣ отчета въ своихъ дѣйствіяхъ, онъ заперъ дверь и заложилъ ее на желѣзный крюкъ. При первомъ шагѣ, - онъ замеръ на мѣстѣ.

Бѣлое туманное пятно снова показалось... Не успѣлъ онъ опомниться, какъ оно разрослось, заколебалось и въ немъ, сначала смутно, потомъ все яснѣе и яснѣе проступили тѣ же знакомыя черты... Ближе... ближе... Чемезовъ почувствовалъ на лицѣ своемъ чье-то дыханіе... мимо слуха прошелъ шелестъ... точно далеко кто-то проходилъ легкими стопами по сухимъ листьямъ...

Холодъ пробѣжалъ по его волосамъ; онъ хотѣлъ крикнуть, но дыханіе остановилось въ его груди. Онъ бросился въ уголъ, плотно прижался лицомъ къ стѣнѣ и закрылъ глаза; но сквозь сомкнутыя вѣки, знакомыя черты просвѣчивали еще явственнѣе; онъ видѣлъ ихъ выраженіе, видѣлъ кроткій взглядъ, чувствовалъ какъ онъ проникалъ ему прямо въ душу...

Объятый ужасомъ, Чемезовъ бросился въ сосѣднюю комнату.

Она была свѣтлѣе другихъ; въ нижней части опущенныхъ оконныхъ занавѣсъ проходилъ огонь отъ уличнаго фонаря. Въ полумракѣ блистало зеркало, опутанное вокругъ лентами, отдѣлялся столъ съ туалетными принадлежностями, обрисовывались нижняя часть висѣвшихъ женскихъ капотовъ и женскія новыя туфли; ближе къ евѣту бѣлѣла большая кровать съ высокимъ кисейнымъ пологомъ, верхняя часть котораго пропадала подъ потолкомъ. Чемезовъ отвернулся, - но въ ту же секунду изъ противоположнаго угла отдѣлилось туманное пятно... и въ немъ снова показался образъ покойницы... Теперь онъ былъ совершенно уже ясенъ; вокругъ распространялся голубоватый фосфорическій свѣтъ, сообщавшійся ближайшимъ предметамъ... Она смотрѣла теперь сверху, - склонивъ къ нему голову; но на этотъ разъ, - почудилось ему, - въ неподвижныхъ ея глазахъ было уже другое выраженіе... Она смотрѣла на него какъ бы съ укоромъ и глубокой печалью... И взглядъ этотъ какъ холодное лезвее прошелъ въ его сердце.

Онъ отчаянно схватилъ себя за голову, бросился къ двери, но никакъ не могъ найти ручки. Онъ бѣшено началъ тогда метаться по комнатѣ, опрокидывая стулья, хватая въ забытьи предметы попадавшіеся подъ руки, сорвалъ пологъ надъ кроватью, сорвалъ капоты, началъ топтать ихъ ногами, наконецъ, остановился, крикнулъ: "Прости меня! Прости!!."! и зарыдавъ, упалъ лицомъ на полъ.

Нѣсколько времени спустя, на лѣстницѣ, которая вела въ квартиру Чемезова, послышались голоса и шаги, торопливо стучавшіе по ступенькамъ. Посреди шума явственно раздавался хриплый голосъ дворника, увѣрявшаго, что баринъ давно вернулся домой, и нельзя же не знать ему этого, когда онъ самъ отворялъ ему калитку. Дворникъ зналъ также, что баринъ, передъ тѣмъ какъ ѣхать къ вѣнцу, отпустилъ кухарку, сказалъ ей вѣроятно, что вернется поздно домой, и кухарка до сихъ поръ не возвращалась; кухарки не было дома, это точно, но баринъ, - баринъ давно возвратился.

Амалія Карловна, бѣжавшая скорѣе другихъ, остановилась, наконецъ, передъ дверью и позвонила.

Прошла минута, - никто не отзывался.

Старанія дворника и за нимъ Фанфарова, Хохлова и Фукса (Социперовъ и Бабковъ, предвидя скандалъ, поспѣшили скрыться, какъ только всѣ вышли изъ трактира), привели къ тому же результату.

Ефремовъ, едва переводя духъ отъ одышки, хрипѣвшей и свистѣвшей въ его горлѣ, принялся звонить въ свою очередь; за дверью никто даже не пошевелился.

Амалія Карловна, производя отчаянные жесты, сѣла на подоконникъ и заплакала.

Тогда присутствующіе бросились къ двери и общими силами

принялись колотить въ нее кулаками; но дворникъ поспѣшилъ остановить такое усердіе.

- Позвольте, господа, вы этакъ, помилуйте, всѣхъ жильцовъ разбудите!.. сказалъ онъ, становясь передъ дверью съ распахнутой шубой, - у насъ никогда такого шуму въ домѣ не бывало... Что за притча? прибавилъ онъ, снова наклоняясь къ замочной скважинѣ, въ надеждѣ увидать хоть что-нибудь.

- Нельзя ли, братецъ, по черной лѣстницѣ какъ-нибудь?.. проговорили въ одинъ голосъ Ефремовъ и Фанфаровъ, сходившіеся, какъ видно, не только въ пирушкахъ, но и въ мысляхъ.

- Никакъ невозможно, тамъ дверь заперта, возразилъ дворникъ, кухарка взяла ключъ съ собой; сказала: придетъ, сама отворитъ; но онъ зналъ: - кухарки до сихъ поръ не было... Дѣлать нечего, надо, стало-быть, позвать городового.

- Какъ, полицію?.. вскричала Амалія Карловна, вскакивая опять на ноги.

- А то какъ же?..

Въ то время какъ дворникъ, ворча и бранясь, отправлялся за полиціей, мужчины, оставшіеся на лѣстницѣ, снова усадили Амалію Карловну на подоконникъ и начали утѣшать ее. Она не знала куда дѣваться отъ сраму, обливалась слезами, бросалась то къ тому, то къ другому, не обращая уже вниманія на шляпку, которая совсѣмъ съѣхала на сторону.

Съ появленіемъ двухъ городовыхъ и дежурнаго полицейскаго офицера, всё тотчасъ же притихли. Ефремовъ назвалъ по имени каждаго изъ присутствующихъ и послѣдовательно разсказалъ все дѣло, какъ оно было.

Дворникъ не замедлилъ появиться съ фонаремъ и ломомъ.

Когда дверь была открыта, Амалія Карловна ворвалась первая, но тутъ же отступила, испуганная темнотою. Въ прихожей отыскали свѣчки. Въ то время какъ вошедшіе сымали шубы, Амалія Карловна ловко выхватила одну изъ зажженыхъ свѣчей и, поправляя на ходу шляпку, поспѣшила войти въ квартиру. Никто не успѣлъ еще разоблачиться какъ слѣдуетъ, когда изъ дальней комнаты послышался раздирающій крикъ.

Всѣ туда бросились.

Войдя въ спальню, присутствующіе увидѣли прежде всего Амалію Карловну, распростертую на кушеткѣ и бившуюся въ истерическомъ припадкѣ. Нѣсколько дальше, на полу, лицомъ къ потолку, лежалъ Чемезовъ съ перерѣзаннымъ горломъ.

Извѣстіе о трагической кончинѣ Чемезова быстро разнеслось, на другой день, не только по департаменту, но и по министерству. Предположеніямъ конца не было. Какъ обыкновенно въ такихъ случаяхъ,

56

каждый дѣлалъ свой выводъ, выражая неудовольствіе, когда не соглашались съ его мнѣніемъ.

Одни приписывали самоубійство огорченіямъ по службѣ, находя, что Чемезову, прослужившему безпорочно восемнадцать лѣтъ, давно бы слѣдовало быть статскимъ совѣтникомъ; другіе находили такой родъ смерти неизбѣжнымъ для мизантропа, человѣка характера крайне угрюмаго и несообщительнаго; третьи руководились больше романтическими соображеніями и, хитро прищуривая лѣвымъ глазомъ, повторяли на каждомъ шагу: "Où est la femme?" - какъ бы радуясь тому, что напали на счастливое слово; четвертые смѣло и рѣшительно, не терпя даже возраженій, утверждали, что тутъ дѣло не совсѣмъ такъ просто, какъ кажется; всѣмъ извѣстныя теперь нелюдимость и мизантропія этого чиновника служили, по ихъ мнѣнію, только маской, скрывавшей участіе его въ тайномъ обществѣ; вышла неудача, попали на слѣдъ; выхода другого не было; одно оставалось: наложить на себя руки!..

Надо сказать, однакожъ, - лица, присутствовавшія на свадебномъ обѣдѣ, менѣе всего принимали участіе въ этихъ разговорахъ. Всѣ они замѣтно даже какъ бы притихли противъ обыкновеннаго. Въ первое время видно было даже стараніе избѣгать другъ друга. Встрѣчаясь на службѣ или на улицѣ, они молча ножимали руку, изрѣдка развѣ позволяя себѣ намекнуть о случившемся. Такъ, напримѣръ, не раньше какъ спустя два мѣсяца, Фуксъ рѣшился шепнуть Сельдерееву, что встрѣтилъ въ пассажѣ Амалію Карловну, - всю въ черномъ, правда, - но идущую подъ руку съ фотографомъ Хохловымъ. Сельдереевъ, со своей стороны, счелъ надобнымъ принять нѣкоторыя предосторожности, - оглянулся направо и налѣво, - прежде чѣмъ сообщилъ объ этомъ Ефремову, котораго встрѣтилъ въ трактирѣ Палкина, доѣдающаго одиноко порцію кулебяки. Выслушавъ сообщеніе, Ефремовъ только отвернулся и плюнулъ. Онъ точно взялъ зарокъ отмалчиваться каждый разъ, какъ рѣчь касалась Чемезова. Веселость его мгновенно пропадала; круто выступающіе сѣрые зрачки притупленно смотрѣли въ бокъ, кончикъ раздвоеннаго носа не приходилъ въ движеніе. Въ рѣдкихъ развѣ случаяхъ, когда не было уже никакой возможности отдѣлаться, онъ говорилъ, значительно шевеля густыми сѣрыми бровями:

- Да, батенька, исторія, скажу вамъ!.. Гм! и на этомъ обыкновенно останавливался.

Болѣе другихъ, впрочемъ, сторонились и избѣгали встрѣчъ Бабковъ и Социперовъ.

Бабковъ до сихъ поръ сидѣлъ какъ пристыженный въ своемъ отдѣленіи. Онъ простить себѣ не могъ, какимъ образомъ, при солидности его лѣтъ, при семьѣ изъ восьмерыхъ дѣтей, въ числѣ которыхъ три мальчика посѣщали гимназію и старшій за отличіе переведенъ былъ въ высшій классъ, - какимъ образомъ, наконецъ, при его чинѣ и Владимірѣ въ петлицѣ, могъ онъ согласиться на просьбы этого шута Ефремова и сдѣлаться участникомъ въ такой исторіи.

Социперова больше всего пугала огласка. Онъ кусалъ ногти до крови при мысли, что скандалъ, въ которомъ случайно былъ замѣшанъ, можетъ бросить на него тѣнь въ глазахъ начальства и повредить ему при производствѣ.

Съ наступленіемъ новаго года онъ совершенно, однакожъ, успокоился. Его произвели, и уже къ Рождеству успѣлъ онъ отпустить себѣ тѣ пушистыя, впередъ зачесанныя бакенбарды, какими преимущественно любятъ украшать себя въ Берлинѣ кельнеры.

КАПЕЛЬМЕЙСТЕР СУСЛИКОВ

I

Несколько лет тому назад город Б*** находился в страшном волнении. Один из самых богатых обывателей этого города, Алкивиад Степаныч Кулындин, получил известие, что одно довольно значительное лицо, приходящееся ему несколько сродни, проездом остановится у него в доме. Супруга Алкивиада Степаныча, Софья Кирилловна, тотчас же приказала заложить карету и поспешила сообщить новость приятельницам; те, разумеется, точно таким же порядком передали ее своим, а те опять-таки своим. Сам Алкивиад Степаныч, не медля ни минуты, дал знать о событии местному начальству, которое в свою очередь передало весть женам, те опять другим приятельницам, так что в самое короткое время весь город узнал о неожиданной новости. Все засуетилось. Со всех сторон показались озабоченные лица; у мужчин заботливость эта, неизвестно почему, выразилась вдруг значительным пожиманием бровей и обращением губ в трубу; у дам обозначилась она радостными улыбками и той суетливостью, какая предвещает всегда появление чего-нибудь необыкновенного, торжественного. Но не в том дело; уже во всех концах города гремели коляски, рыдваны, дрожки, тарантасы, разлюли; многочисленные экипажи направлялись однакож, сколько известно, преимущественно к двум только пунктам: те, в которых сидели мужчины, стремглав летели к подъезду Алкивиада Степаныча; другие, занятые дамами, направились к голубому домику, украшенному надписью: "Госпожа Трутру из Парижа, Modes"[1], с прибавлением внизу русскими буквами: "Нувоте"[2]. Не мешает заметить, что Софья Кирилловна в разговорах с приятельницами намекнула вскользь о бале, который думает дать ее муж в честь дорогого родственника. В то время когда каждый занимался своим делом, местное начальство съезжалось к Кулындиным, а жены осаждали г-жу Трутру, город Б***, забытый всеми, решился показать, что он не хуже других и, в случае надобности, может точно так же пригладить свою будничную наружность и пощеголять перед гостем: улицы вдруг очистились, обвалившиеся заборы отнеслись на задворья, домостилась площадь, ворота

---

[1] Моды (фр.)

[2] Модные новинки (фр.)

окрасились свежею масляною краской, и с такою тщательностью, что даже не было никакой возможности отогнать от них собак, привлекаемых, вероятно, столько же искусством маляра, сколько необыкновенною свежестью колеров. Город Б***, украсив таким образом свои главные улицы (об остальных он и не заботился), перещеголял даже многих обывателей мужеского пола, которые, несмотря на парадный вид, очень походили на вымоченных куриц. Появление дорогого посетителя возбуждало такое любопытство, что один толстенький, коротенький обыватель с крутым брюшком и круглою головой поместился у самой заставы, чтобы только прежде других посмотреть ему в лицо; он то и дело щурил масляные свои глазки по направлению к большой дороге, подымался на цыпочки и, приложив жирную ладонь ко лбу в виде зонтика, удваивал внимание каждый раз, как в той стороне показывалась пыль...

Приезд родственника Кулындиных подействовал, однакож, сильнее всего на Николая Платоныча Сабанеева. Лицо его отразило почти в одно и то же время все разнохарактерные выражения, какие только неожиданная весть могла разбросать на лица остальных обывателей города. Он то улыбался, то сердито хмурил густые свои брови, то вдруг опять самодовольная улыбка появлялась на губах его; он расхаживал с озабоченным видом взад и вперед по кабинету, трепал себя немилосерднейшим образом за высокие воротнички (в то время носили еще высокие воротнички), взъерошивал волосы и радостно потом потирал руки. Николай Платоныч, точно так же как приятель его Алкивиад Степаныч, -обыватель города Б***, обыватель с достатком, с весом. Сверх того, он был еще и содержателем театра. Нечего упоминать, что полунищие антрепренеры, таскающиеся по ярмаркам и уездам с оборванною труппою, так же походили на него, как актер, представляющий Цезаря на сцене, похож на настоящего Цезаря. Николай Платоныч не только не имел в виду гнусной корысти, но даже охотно жертвовал каждый год из своего кармана на улучшение и содержание театра, который в самом деле представлял все совершенства, каких только можно ожидать в провинции. Особенно оркестр обращал на себя внимание г. Сабанеева. Николай Платоныч был сам музыкант, меломан в душе и даже композитор по призванию - главная причина, заставившая его, как утверждали многие, взяться за управление театром. Что он такое компоновал, определить трудно, потому что, кроме огромной оперы, над которой трудился он неусыпно десять лет сряду в своем кабинете, из-под пера его вышли две только пьесы, марш и русская песня; но, во всяком случае, избранное общество города Б*** очень хорошо делало, сохраняя высокое мнение о его таланте и музыкальных познаниях. Уже одна наружность Николая Платоныча свидетельствовала если не совсем гениального человека, то уж, конечно, натуру необыкновенную. Маленькая подвижная фигурка, как будто разбитая когда-то вдребезги и склеенная потом неопытным мастером, увенчивалась огромною головой, казавшеюся втрое еще больше от серых сухих волос, встрепанных самым неистовым образом; лицо Николая Платоныча, свойства желчного, представляло одни только глубокие впадины и выступы; между последними особенно отличались энергический нос, загнутый клювом, и четырехугольный подбородок, редко выбритый; одну из самых резких особенностей композитора составляла небрежность туалета. Николай Платоныч находился вечно в каком-то волнении: глядишь - сел; не успеешь отвернуться - как уже быстро расхаживает по комнате, покручивая головой, взъерошивая волосы и мурлыча что-то под нос. Сухощавые, но жилистые и крепкие его члены подергивались беспрерывно судорожными движениями; он никогда не оставался в покое; взглянув на него, действительно можно было поверить, что в нем, как сам он утверждал, сидела целая дюжина огнедышащих гор. Николай Платоныч говорил разбитым, надорванным голосом; но это потому, что он никак не мог победить в себе горячку и спорил до упаду с встречным и поперечным о музыке и своих произведениях, несмотря на ежедневную клятву обращаться с таким предметом к одним дамам. Г. Сабанеев не бегает дамского общества; напротив того, присутствие прекрасного пола как-то вдохновляет, воодушевляет композитора; между женщинами и артистами существует уже издавна сродство: одни нежные, мягкие души способны понимать друг друга. Не все, однакож, согласятся с этим: одна молоденькая дама не разделяла общего сочувствия к Николаю Платонычу; она уверяла даже, будто русская песня и марш знакомы ей еще с детства и не принадлежат его гению; но это несправедливо, и Николай Платоныч был вправе продолжать отзываться о ней дурно, несмотря на то, что уже прошло много лет с тех пор и молоденькая дама успела с того времени родить сына и определить его в пансион; впрочем, дама была музыкантша: это объясняет лучше другого ее вражду к композитору. Пора, однакож, объяснить, каким образом при всех этих обстоятельствах, повидимому совершенно частных, приезд гостя так сильно мог подействовать на директора театра. Несколько месяцев до начала рассказа в гостиных города Б*** распространился слух, что Николай Платоныч подводит к концу свою оперу и решился, наконец, подарить Б*** общество несколькими выдержками; но слухи, подтвержденные самим автором, почему-то не состоялись; слышно только было, что репетиции делались каждый день и оркестр, управляемый старым капельмейстером Сусликовым, просиживал с утра до вечера в театре. Так продолжалось до

тех пор, пока Алкивиад Степаныч не получил вести о прибытии в Б***
своего родственника. Нечего распространяться о том, как обрадовался
Николай Платоныч случаю, позволяющему показать постороннему лицу,
да еще значительному, театр во всем его блеске; что же в самом деле могло
быть выгоднее для славы провинциального театра выдержек из
совершенно новой, оригинальной оперы, написанной притом самим
директором? Он распорядился отлично: из выдержек составился целый
дивертисмент, с хорами, танцами и пением. Судя по репетициям,
дивертисмент подавал надежду пройти очень удовлетворительно. С этой
стороны Николай Платоныч был совершенно спокоен. С другой стороны
(и что очень естественно), его терзало то тревожное чувство, которое
суждено испытывать каждому артисту, выставляющему на суд публики
свое произведение, даже и тогда, когда существует твердая уверенность в
его успехе и достоинстве.

В таком-то неопределенном состоянии духа Николай Платоныч сел в
карету и поехал на репетицию.

II

Репетиция еще не начиналась. На слабо освещенной сцене толпилась
уже почти вся труппа. Подле оборванных кулис, на лавочке,
изображающей лодку, сидело несколько женщин, вязавших чулок; кое-где
в потемках в глубине театра, между холстяными полосами,
представляющими швейцарскую долину, слонялись из угла в угол
хористы, актеры и статисты. На темном этом поле четко обозначалась
фигурка молоденькой сухощавой женщины, освещенная сбоку лампою; на
ней было коротенькое танцевальное платье; ухватившись одною рукой за
кулису, она мерно размахивала левою ногой и упражнялась в батманах;
неподалеку от нее стоял, вывернув носки и приложив пятку к пятке,
человек лет тридцати, коренастый, с завитками на голове, в белой
холстяной куртке и таких же панталонах; он плавно разводил руками и,
сгибая колени, делал плие за плие[3]. Между ними, как маятник, ходил взад
и вперед через всю сцену толстый трагик труппы, с синеватым, отекшим
лицом, посреди которого высовывался нос, похожий на пузырек с
баканом[4]; вся краска с широкого лица его постепенно сходила к этому

---

[3] Па в танцах
[4] Бакан - красная краска

носу, который в самом деле был так красен, что казалось, как будто кровь всего тела устремилась туда и раз навсегда остановилась в нем. Заложив обе руки за спину, закинув назад голову, он поминутно останавливался, подымал опухшие глаза свои к холстяным облакам, болтавшимся на потолке, издавая раздирающие восклицания, явно относившиеся к роли, потому что никто не обращал на них внимания. На переднем плане сцены, подле темного оркестра, из которого выглядывали глянцевитые лысины и головы музыкантов, ярко освещенные свечками, прикрытыми колпаками, сидела на позлащенном картонном стуле примадонна в шляпке и бархатном бурнусе; подле нее увивался вертлявый режиссер с гладко прилизанными волосами и такою лоснящеюся физиономией, как будто ее только что вымазали постным маслом. Говор, шушуканье и хохот, слышавшиеся со всех сторон, перебивались иногда бранью бородатых мужиков, тащивших с криком и гамом лес или гору; иногда вся сцена, от колосников до преисподней, наполнялась яростными сухими раскатами грома, который машинист приводил в движение ради пробы; с другой стороны внезапно раздавались удары молотков или слышался пронзительный свист искусственного ветра; были минуты, где весь этот шум, смешиваясь с говором, писком, визгом, дополняемый звуками инструментов, которые настраивали в оркестре, производил такую кутерьму, что примадонна затыкала уши и топала ногою, причем режиссер бегал по сцене, хлопал в ладоши и кричал: "Тише! тише!.."

В одну из таких минут послышалось вдруг шиканье, и кто-то неистово крикнул из-за кулис:

- Николай Платоныч! Николай Платоныч!

Все разом смолкло.

- Позвать Сусликова! - произнес почти в то же время разбитый, хриплый голос, и содержатель театра, взъерошивая себе волосы, торопливо вошел на сцену.

Все присутствующие, кроме примадонны, повскакали с своих мест и поклонились.

- Здравствуйте, здравствуйте, - говорил Николай Платоныч, направляясь прямо к примадонне, - здравствуйте, Глафира Львовна. Ну, матушка, новости! Все сюда, все! - продолжал он, становясь спиною к оркестру и нетерпеливо махая рукою. - Горковенко, собрать всех ко мне!

Режиссер засуетился; вмиг труппа окружила Сабанеева; даже коренастый господин в белой курточке, с завитками на голове, перестал упражняться в "плие" и, помощью вывороченных, гусиных ног своих, стал подбираться к общей группе.

- Сегодня спектакля не будет, - начал содержатель театра, обращаясь, однакож, к одной примадонне, - завтра идет полный дивертисмент из моей оперы, тот самый, который мы репетировали: сначала третий нумер, потом хор вятичей и радимичей и русская ария Миловиды. (Тут он самодовольно покрутил головою, и, наклонившись к Глафире Львовне, пошептал ей что-то на ухо.) Горковенко! выставить крупными буквами на завтрашней афише имя Глафиры Львовны да составить скорей афишу: пьесы оставь, какие были назначены; главное - надо успеть еще раз прорепетировать дивертисмент. Смотрите же, - продолжал он, повертываясь, наконец, лицом к труппе, - не плошать у меня завтра, особенно ты, смотри! У-у-у!.. (Тут он с некоторою строгостью посмотрел на трагика с пузырем бакана вместо носа, который стоял потупя голову и глядел исподлобья.) А что ж Сусликов? Горковенко, скоро ли?..

Горковенко метнулся за кулисы, но чуть было не шлепнулся со всего размаху, столкнувшись с Сусликовым, который в страшных попыхах бежал на сцену. Это был человек лет пятидесяти, среднего росту, сухощавый, жиденький, кисленький, вида самого кроткого, смирного, отчасти немного даже глуповатого; крошечное лицо его, усыпанное красными и синими жилками, скорее склонялось книзу, чем закидывалось кверху; серенькие глаза, лишенные ресниц, постоянно слезившиеся, заслонялись большими круглыми очками в оловянной оправе, скрепленной кое-где черными нитками. Широкая лысина, сливающаяся непосредственно с низеньким лбом и обнажавшая все темя, вплоть до того места, где затылок упирался в воротник сюртука, обрамлялась с боков жиденькими пучочками седых волос, зачесываемых обыкновенно Сусликовым на самую лысину справа налево. Одежду его составляли ветхий бумажный галстук, полосатый жилет, упорно подбиравшийся к подбородку, и классический длиннополый сюртук горохового цвета, сделавшийся уже почему-то неизбежной принадлежностью всех старых театральных музыкантов. Оправившись немного после сшибки с Горковенкой, Сусликов подбежал к Сабанееву и, сложив по обыкновению своему обе ладони к животу, согнулся в три погибели.

- Куда это ты вечно забежишь, что тебя собаками надо отыскивать? Где ты был до сих пор? - спросил Николай Платоныч, закидывая руки назад.

- Я-с насчет... все... маленечко... Николай Платоныч, - начал было Сусликов, да замялся и окончил оправдание новым поклоном.

- Ну, ну, хорошо, хорошо, - перебил содержатель театра.- Все пьешь! - заключил он, насупив брови. - Завтра идет дивертисмент; чтоб все у тебя было исправно. Смотри, Сусликов: я знаю, кто тебя подбивает, - прибавил он, грозя пальцем трагику, который тотчас же принял мрачный вид, - все ли у тебя в оркестре как следует, а?..

64

- Все-с, - возразил Сусликов, - вот только, Николай Платоныч, гобойчик разве...

- Что такое? - живо перебил содержатель театра.

- Да захворал как словно маленечко...

- Что ж ты мне прежде не сказал этого? а? а? ну, что ж ты стоишь? надо поскорей дать знать Алкивиаду Степанычу и просить, чтобы он одолжил своего гобоиста на завтра. - Куда? куда-а-а? погоди, после, теперь надо пройти дивертисмент... я сам пошлю потом: ступай! да живо настроить оркестр!

Николай Платоныч говорил "ты" всем артистам без различия; но тыканье его отнюдь не было грубо и оскорбительно; напротив того, в нем заключалось что-то нежное, отеческое, способное скорей размягчить, чем оскорблять сердце того, к кому оно относилось. Через несколько минут лысина Сусликова показалась посредине оркестра, и началась репетиция. Прежде всего пошла русская ария Миловиды, главная пьеса дивертисмента.

- Тише! Сусликов, тише! - кричала, топая ногами, Глафира Львовна, когда нехватало у ней голоса, чтобы покрыть весь оркестр.

- Тише же, тише вы! - повторял примирительным тоном автор, самодовольно проводя ладонью по волосам. - Тра, та, та, та!..

Тут он ударял в такт ладошами и, когда оркестр начинал играть, принимался снова расхаживать по сцене, закинув назад руки.

- Громче, громче! Что это, я просто петь не могу! Громче, говорят! - отчаянно произносила примадонна каждый раз, как обрывалась у ней нота и она чувствовала, что не дотянет ее до конца.

- Ну, громче же, громче! - подхватывал композитор. Наступила очередь танцовщицы.

- Скорее! скорее! - кричала она, опасаясь кончить пируэт прежде музыки, - скорей! Тише теперь, тише! - продолжала она, становясь в аттитюд[5], в котором выгодно выказывались ее плечи.

Затем последовала казацкая пляска, исполненная танцовщицей и тем самым господином с вывернутыми ногами и завитками на голове, который упражнялся в плие, потом дело дошло до комического танцора Розанцева, который должен был пройти свой знаменитый английский комический па под названием "hornpipe"[6]; затем выступили вперед хористы, и началась проба еще одной выдержки из оперы директора: хор вятичей и радимичей; но тут уже сам автор принужден был несколько раз останавливать оркестр, чтобы мылить капельмейстеру голову. Николай

---

[5] эффектная поза

[6] Правильно: horn-pipe - матросский танец (англ.)

65

Платоныч был, впрочем, очень доволен выполнением своих выдержек, и если задавал Суслику острастки, так единственно на том же основании, как одна баба, нежная мать, наказывала сына из убеждения, что побои-то для будущности пригодятся. Едва кончилась репетиция, появился Горковенко с составленною афишею.

- Хорошо, - сказал Николай Платоныч, пробегая глазами. - А зачем же в драме назначен Переславский вместо Мускатицкого, а? Выставить опять Мускатицкого, да вперед не умничать!

- Никак нельзя-с, - отвечал Горковенко.

- Что такое? Как нельзя?

- Никак не управишься, Николай Платоныч; Мускатицкий даже на сцену сойти не мог, мы водой его отливали в уборной, насилу очнулся-с...

- Позвать его сюда, притащить пьяницу! о-о-о!.. - твердил Николай Платоныч, быстро расхаживая по сцене.

Спустя минуту привели первого любовника труппы, Мускатицкого, высокого, худощавого, как щепку, человека с неимоверно длинными белобрысыми волосами, пропитанными водою и прилипавшими к его лицу и шее; на нем было жиденькое прорванное твиновое пальто, составлявшее, впрочем, всегдашний и вместе с тем единственный домашний гардероб первого любовника. Увидя перед собою содержателя театра, Мускатицкий опустил глаза свои, тусклые, как у вареной рыбы, и горько зарыдал, повторяя посреди всхлипываний, что его обидели.

- Спустить его под сцену, - сказал Николай Платоныч Горковенке, - да сию ж минуту снять с него сапоги, чтоб не убежал, а к завтрашнему спектаклю все-таки выставить его на афише... Ступайте!..

Сделав такое распоряжение, Николай Платоныч снабдил еще кой-какими замечаниями артистов, пожал руку Глафире Львовне, дал еще раз поучительное наставление Суслику, мимоходом погрозил трагику и, взъерошивая себе волосы, покинул, наконец, театр, очень довольный своими выдержками. Вскоре сцена опустела; остались один только первый любовник Мускатицкий, которого жалобные вопли глухо раздавались под полом, да Суслик, убиравший в оркестре ноты. Наконец и капельмейстер вышел на подъезд. Яркий солнечный свет так ошеломил его после закулисных потемок, что он невольно ухватился за лицо руками, причем толстые тетради нот, находившиеся у него подмышкою, шлепнулись наземь. Суслик проворно раскрыл глаза и, к величайшему удивлению, увидел в нескольких шагах от себя Анику Федоровича Громилова, трагика труппы, того самого, которому так часто грозил директор. Закинув один конец шинели за плечо и драпируясь в него наподобие римских трибунов, он мрачно глядел на афишу, возвещавшую о представлении, только что отмененном директором. Шум упавших нот заставил его оглянуться в ту сторону. Увидев капельмейстера, трагик подозвал его к себе величественным жестом. Сусликов поспешно подобрал ноты и приблизился с видом крайне оторопевшего человека.

- Сюда, Семен, сюда, ко мне! - закричал трагик, хватая его обеими руками за воротник сюртука и дергая так сильно, что тот едва держался на ногах. - Смотри (тут он указал ему на афишу), видишь, опять она! опять ее имя напечатано выше моего, да еще крупными буквами! Тараторка проклятая! Ты слышал, как "он" приказал Горковенке напечатать ее имя еще повиднее... мало ей! Сюда ждут, вишь, важного человека, так боится, чтоб не пропустил ее... Чай, опять раздаст "он" цветов да венков своим людям да велит им хлопать ей что есть мочи... Глафира Цветошникова! Эка диковинка! я небось и постарше ее, все первые роли играю в трагедиях, драмах, мелодрамах, комедиях, да не выставляют Громилова крупными буквами, не бросают венков... Имечко-то Громилова почище ее, Громилова все театры видали, все! Да ничего! пусть ее выставляют, пусть! Громилов себя покажет! Громилову только обидно... "Но тверд, из глаз нет слез, из уст не слышен стон!.."

Тут трагик оттолкнул далеко капельмейстера, ударил себя кулаком в грудь и снова принял мрачный вид.

- Охо-хошиньки,-повторял Сусликов, обтирая беспрерывно лоб, лицо и лысину клетчатым дырявым платком.

- Семен, дай понюшку! - отрывисто сказал трагик.

Сусликов пошарил в кармане, поскрипел табакеркою и поспешно подал ее Громилову.

- Да, будь у меня деньги, - продолжал Аника Федорыч, - я б им показал, как понукать Громиловым, я б им... Семен! - прибавил он, величественно махнув рукой, - ступай за мной!..

- Куда ж это мы так пойдем-то, Аника Федорыч? - вымолвил капельмейстер, боязливо оглядываясь на стороны.

- Ступай за мной! - торжественно заключил трагик, направляясь прямо к трактиру, которого вывеска с надписью "Trakteur" блистала в отдалении.

- Аника Федорыч, миленький, постой, Аника Федорыч, погоди, что я скажу тебе... - повторял Сусликов, стараясь всеми силами удержать трагика за полы шинели.

- Ну, что?..

- Аника Федорыч... маленечко как будто уж поздноватенько... - едва внятно произнес капельмейстер, - милый человек, погоди, что я тебе скажу... домой пора...

- Полно врать, ступай за мной!..

- Ох... да что ж она-то, Арина-то Минаевна-то...

- А, так ты опять стал бояться ее? - сказал Громилов, презрительно оглядывая Сусликова с головы до ног. - Где она? подай мне ее сюда!... Ах ты! что ж ты, муж, что ли? али нет? а? Она тебя бьет, а ты ее боишься...Ах ты, тряпка ты этакая... Семен! за мной... идем!..

Идем на путь, предназначенный славой!..

Идем!.. И кто ж, Семен, велел тебе жениться на этаком уроде?..

Нет!..

Не Гименей там был. Мегера там была!..

Ступай за мной!..

Трагик держал Сусликова за рукав; Сусликов уже не противился и ковылял за ним, как школьник, которого учитель поймал в шалостях и ведет сечь.

- Я тебя выучу, как бояться Арины Минаевны, - повторил трагик, сжимая все крепче и крепче обшлаг горохового сюртука, - ты у меня забудешь Арину Минаевну...

- Слабый человек, слабый человек, - бормотал сквозь зубы капельмейстер, - охо... хошиньки... хохошиньки...

Наконец они подошли к трактиру.

- Ступай вперед! - сказал трагик, вталкивая Сусликова в двери, несмотря на все усилия последнего, упиравшегося руками и ногами.

Четверть часа спустя приятели вышли из трактира и тут же на пороге расстались; путь каждого из них лежал в противоположную сторону. Оставшись один, Сусликов вздохнул свободнее и начал оглядываться во все стороны. Кругом все было тихо, нигде живой души, и только глухое дребезжанье дрожек обывателей города Б***, возвращавшихся кто от Алкивиада Степаныча, кто от г-жи Трутру, раздавалось в отдалении на главных улицах. Капельмейстер приладил подмышку ноты, обтер лицо и лысину, значительно раскрасневшиеся, потом поскрипел табакеркою и, окинув еще раз глазами площадь, направился неровным, колыхливым шагом к дому.

III

Если Сусликова прозывали тряпкой и он в самом деле оправдывал такую кличку, из этого еще не следует, чтобы в нем не было природного дарования, точно так же как не следует и того, что дарование это наследовал он от отца своего, Игнатия Сусликова, игравшего в свое время на контр-басе. Смело можно утверждать, что дарование, какое бы оно ни было, явление совершенно случайное в роде Сусликовых. Трудно сыскать человека, который находился бы в таких враждебных отношениях с музыкою, как покойный Игнатий Сусликов, отец Семена Сусликова. Прежде чем сделаться контр-басистом, Игнатий Сусликов слыл в целом околотке за самого страстного охотника. Да вдруг как-то его барин произнес: "в контр-басы!" - и стал с тех пор Игнатий Сусликов контр-басистом.

Но с сыном Сусликова было совсем другое; заметив в нем сызмала склонность к музыке (кто заметил и почему, неизвестно), ему дали скрипку (почему именно скрипку, также неизвестно) и принялись не на шутку учить музыке. От шестнадцати до двадцати пяти лет его жизнь не обозначалась ровно ничем замечательным, кроме разве, что из Сеньки он преобразовался в Семена, из Семена в Семена Игнатьича, да и то с такою постепенностию, что, право, не стоит и упоминать об этом. Когда умер отец его, он уже изрядно делал piccicato[7], а когда скончался хозяин оркестра, Сусликов состоял первою скрипкою в капелле. Он и еще три музыканта согласились тогда отправиться в О*** попытать счастие... Они дали концерт, но счастье их обмануло, и скоро концертисты рассеялись бог весть куда, за исключением Сусликова, попавшего в оркестр к одному знатному барину. Жизнь Сусликова была бы самая счастливая, если б он только сумел ею воспользоваться; капельмейстер этого оркестра, старик лет восьмидесяти, по прозванью Матвей Гусликов, принял его под свое покровительство; разумеется, это досталось ему не даром. Не знаю, с чего вспало на ум Сусликову сочинить кадриль. Старый капельмейстер, узнав об этом, взял кадриль и при первом торжественном случае разыграл ее перед барином. "Это что-то опять новенькое? - оказал барин капельмейстеру, - хорошо, хорошо, продолжай!" Капельмейстер встал и, выразив на лице своем добродушную улыбку, почтительно поклонился. С тех пор, как только являлся торжественный случай: именины, обед, съезд, старый капельмейстер поручал Сусликову написать кадриль, матрадуру, монимаску, курант - словом, все, что требовалось. Сусликов писал, барин хвалил, а старый капельмейстер кланялся с обычною добродушною улыбкой. Справедливость требовала же, наконец, чтобы старый капельмейстер получал какое-нибудь вознаграждение за покровительство, оказываемое им молодому музыканту; смешно было восставать против этого; но грубой натуре Сусликова недоступны были такие тонкие отношения; он не замедлил отплатить благодетелю самою черною неблагодарностью. Раз как-то Гусликов поручил Сусликову написать экосез к балу, назначенному в день именин барина. Экосез был окончен с умыслом в день самого бала. Добродушный старик попросил Сусликова

---

[7] Пиччикато или пиццикато - исполнение щипками, без применения смычка (ит.)

сделать пробу и заранее потирал себе руки. Но когда вечером он взял смычок и оркестр грянул экосез, все присутствующие разразились таким неистовым хохотом, какого, верно, не слышно было со времен богатырских. Вместо экосеза Сусликов нарочно наплел такую белиберду, так перепутал звуки инструментов, что сам, наконец, не выдержал и покатился со смеху под самым носом своего благодетеля. Но шутка стоила ему дорого. Гусликов так возненавидел Сусликова, что принялся гнать его беспощадно; музыканты, подчиненные Гусликову, движимые чувством справедливого негодования к неблагодарному, начали вторить своему капельмейстеру; Сусликова гнали, гнали, и так гнали, что он должен был искать себе другого места. Но Сусликов родился под счастливою звездою. Он вскоре попал в оркестр одного довольно значительного провинциального театра. В этом театре, однакож, как на зло, все капельмейстеры и даже музыканты были композиторы, и уже достаточно было им узнать, что новый собрат сочинил матрадуру, чтобы не дать ему ходу и сбыть его как можно скорее с рук. Так и случилось. Сусликову пришлось плохо, денег ни гроша; он уже задумывал было покончить с музыкою навсегда, да, к счастию, выручил содержатель другого театра, приехавший вербовать свежую труппу. Дело сладилось скоро, и Сусликов отправился с ним в качестве первой скрипки и капельмейстера. Несмотря на непостоянство и шаткость провинциальных театров вообще, Сусликов ухитрился, однакож, так, что провел на своем месте несколько лет сряду с самым невозмутимым спокойствием. На сороковом году от рождения (эпоха, в которую начал он носить очки и завел табакерку со скрипом) счастье стало сильно изменять ему. Это обстоятельство значительно подействовало на капельмейстера; привыкнув опираться весь свой век на фортуну, как на костыль, он вдруг ослабел, как ребенок, смирение, кротость и уступчивость сделались отличительными чертами его характера. Он вдался в чудачество и, что всего хуже, не только не умел поддержать к себе уважения товарищей, но даже заслужил от них название "плюгавого капельмейстера" - кличка, оставшаяся за ним вплоть до той минуты, когда бросили последнюю горсть земли в его могилу.

Никто, разумеется, не понимал настоящей причины, внезапно изменившей капельмейстера; всякий объяснял ее по-своему. Причина заключалась в следующем: Сусликов нанимал квартиру у одной бездетной вдовы одного провинциального трагика; вдова эта, олицетворявшая как нельзя лучше всем известную Бобелину и не уступавшая в энергии и силе духа сказочной героине, воспользовалась могучими своими качествами, чтобы взять в руки Сусликова, и делала из него по произволу то верх, то подкладку. Ослабевший Сусликов боялся ее как огня и с каждым днем поддавался ей сильнее и сильнее. Такая покорность объясняется только влиянием боа на птицу или животное: боа пользуется обыкновенно своим влиянием и поглощает свою жертву; энергическая хозяйка Сусликова поступила иначе: она вышла за него замуж. Как решился Сусликов на такой отважный поступок, объяснить трудно. Со стороны выгод каких-нибудь не представлялось ему ровно ничего. Он жил у ней несколько лет сряду жильцом самым горемычным, - женившись, остался неизменно в положении того же самого жильца, в той же самой комнатке, под тем же строгим надзором Арины Минаевны; а впрочем, бог его знает, разные бывают причины, почему иногда люди женятся; я знал, например, одного человека, женившегося потому только, что его крайне соблазнил парадный обед, который должен был сопровождать свадьбу; мысль быть распорядителем на том обеде, первым лицом - словом, играть роль, заставила его закрыть глаза на пятидесятилетнюю невесту; другой сочетался браком вследствие купленной им по оказии за дешевую цену двухспальной кровати.

Что ж касается до Арины Минаевны, цель ее очевидна: Семен Игнатьич получал четыреста рублей ассигнациями в год, и хотя она и прежде еще, до свадьбы, распоряжалась этими деньгами как хотела, но все-таки приятнее было ей глядеть на них как на законную, неотъемлемую собственность. "Ну, а как сгонят его вон, - думала предусмотрительная Арина Минаевна, - как обанкрутится содержатель театра, он съедет с квартиры, поступит на другое место, я-то что тогда?" Арина Минаевна имела права более, чем какая-нибудь другая женщина, искать положительного обеспечения; покойный трагик оставил всего-на-все три целковых долгу в трактире, которые в свое время стоили ей много слез и горя. Арина Минаевна пробавлялась кой-как своими трудами: то уладит свадебку честную, то съездит к благодетельным помещицам уезда попросить бедной вдове на бедность; да ведь горек такой хлеб; хорошо еще, если подадут его; случалось попадать и на жесткое, каменное сердце; приедет к помещице, и плачет-то над нею, заливается, и жалеет-то ее всячески, и хвалит-то, да с тем и уедет, все труды пропали... вот это-то каково?..

Чтобы окончательно оправдать Арину Минаевну, стоит только сказать, что она не обманулась, и предусмотрительность ее вовсе была не лишняя. Не прошло и года после ее брака, как содержатель театра действительно обанкрутился, и Сусликов лишился своего места. Арина Минаевна тотчас же запаслась рекомендательными письмами, взвалила домашний скарб и мужа на подводу и поехала в другую губернию. Она бегала, хлопотала, плакалась, забегала и кончила все-таки тем, что нашла Семену Игнатьичу место в другом театре. Тут только понял Сусликов, что Арина Минаевна ему необходима, и уже с той минуты окончательно покорился ей во всем. Таким образом провели они несколько лет, таскаясь из театра в театр, пока, наконец, Арина Минаевна не заехала со своею подводою, рухлядью и мужем в город Б***, где и определила последнего к Николаю Платонычу. Никогда еще положение Сусликова не было так благополучно обставлено. Даже то, что причиняло обыкновенные невзгоды капельмейстеру, именно способность сочинить на скорую руку матрадуру или монимаску, обратилось здесь ему в пользу. Николай Платоныч особенно благоволил к нему. Расположение! Это приняло вскоре такие широкие размеры, что композитор строжайше запретил Сусликову обнаруживать кому бы то ни было о своей авторской способности, опасаясь вероятно, чтобы подобное известие не вооружило против него других музыкантов города Б***, как нарочно людей самых завистливых и самолюбивых. Вот именно около этого-то времени и появились в свет выдержки из оперы Николая Платоныча (это приводится здесь исключительно для исторической верности). Впрочем, что ж скрывать: Николай Платоныч, пожалуй, если хотите, и прибегал иногда к помощи Сусликова; но нужно опять принять в соображение, как это делалось. "Позвать Сусликова!" - крикнет обыкновенно содержатель театра. Придет Сусликов. "Ну, брат, - говорит ему Николай Платоныч покровительственным тоном (заметьте, покровительственным, а отнюдь не повелительным), - подойди сюда, а вот я опять написал кое-что... а?.. возьми-ка да перепиши... у меня, ты знаешь, рука неразборчива; перепиши же, да смотри не дай маху, не ошибись... ну, понимаешь... если встретишь там какой-нибудь промах или пропуск - так поправь: всего не досмотришь: да смотри, никому не говорить, что, мол, Николай Платоныч написал новую пьесу: я держу это покуда в секрете; ступай!" Сусликов прикладывал по обыкновению обе ладони к животу, низенько кланялся, брал ноты и шел домой, очень довольный лаской и милостями г. Сабанеева. При всем том, он сумел-таки насолить себе. Ни с того ни с сего связался он с Аникою Федорычем Громиловым, известным трагиком и еще более известным пьянчужкой. Сам нечистый, казалось, завидуя его счастью, натолкнул его на этого бесшабашного человека. Уж одно то, что дурной пример пагубно действовал на старика; но, приняв еще в расчет его робость и слабость, сообщество с Громиловым легко могло погубить окончательно капельмейстера. Дело шло, однакож, до сих пор довольно ладно; Николай Платоныч глядел на проказы капельмейстера сквозь пальцы. Сусликов был счастлив и доволен и, вероятно, прожил бы в таком завидном состоянии до глубочайшей старости, если б не случилось одного обстоятельства, которое сразу подкосило все его существование.

IV

Приближаясь к дому, серенькой лачужке о двух окнах и крылечке, выглядывающих на улицу и пятившихся недоброжелательно друг от друга, Сусликов вытянул вперед шею и, повернувшись несколько бочком, стал прислушиваться; таким образом добрался он до самых окон, осторожно заглянул в каждое из них и, наконец, юркнул в сени. Повсюду царствовала мертвая тишина, прерываемая только жужжанием мух. Сусликов бодро вступил в следующую комнату, но в ту же минуту отшатнулся в угол и стал как вкопанный: на постели, заваленной пуховиками и перинами, лежала Арина Минаевна. Огромное ее туловище, закутанное в черный коленкоровый капот, почти исчезало в перинах; одни лишь ноги, запрятанные в серые шерстяные чулки, да голова с черными встрепанными волосами, прикрытыми черным же чепчиком, выглядывали наружу. В комнате стояла жара нестерпимая: два окна на двор были заколочены наглухо, несмотря на знойное лето. Арина Минаевна тяжело дышала, и по широкому красному лицу ее струились ручьи, как по самовару, когда утекает кипящая в нем вода. Семен Игнатьич вскоре, однакож, оправился; подогнув колени и съежившись в три погибели, он начал подбираться на цыпочках к двери, останавливаясь при каждом скрипе и шорохе и не упуская из виду несметных полчищ мух, осаждавших лицо Арины Минаевны так же усердно, как морские птицы спинку кита, случайно высунувшуюся из воды. Сусликов пробрался, наконец, в кухню; но тут он уже смелее подошел к сундуку, на котором спала кухарка.

- Дарьюшка, Дарьюшка, - шептал Сусликов, толкая ее легонько под бок, - вставай, голубушка... вставай!..

- Асинька?.. о! о! о!.. а! да это ты, кормилец, - вымолвила Дарья, сбрасывая босые ноги на пол и принимаясь тереть глаза, или "кукситься", как выражаются в простонародье, - ах мой касатик, рожоный ты мой, что ж тебе, чай, покушать небось надыть?..

- Да, Дарьюшка... я нынче еще не обедал... поесть бы маленько чего-нибудь...

- Ох ты, болезный ты мой, умаялся, чай, на службе-то на своей... что ж бы тебе такого... Арина-то Минаевна почитай что сама все поела... уж так-то, касатик ты мой, осерчала сегодня.

Сусликов проворно оглянулся назад.

- А мне бы чего-нибудь кисленького... - вымолвил он, бросая еще раз украдкою глаза к двери.

- Ох ты, рожоный ты мой... да кисленького-то, кажись, у нас нетути...

киселику нынче не готовили, а вот огурчики соленые да похлебочка осталась... покушай на здоровье.

- Ничего, Дарьюшка, ты только потихонечку; все равно, дай хоть солененького... да только потихохоньку, не буди...

- Ох ты, рожоный, ненаглядный ты мой, - твердила Дарья, роясь в темном шкапу, наполненном мухами, как улей пчелами. - А вот и пирожка с капусткой нашла... сейчас соберу на стол. Ты, чай, здесь в кухоньке покушаешь?..

- Здесь, все равно, - сказал Сусликов, снимая сюртук и усаживаясь к окну против березового дощатого стола.

Нужно заметить, что хозяйственная часть в доме Сусликова находилась в крайнем запустении и беспорядке. Арина Минаевна, проживавшая день-деньской у благодетельниц или бегавшая по делам сватовства, не имела времени заняться этим предметом. Все было поручено старой Дарье, простой деревенской бабусе, поступившей к ней в батрачки за два с полтиной в год и спавшей решительно с утра до вечера на своем сундуке.

- Рожоный ты мой, да ты хошь пирожка-то еще прикушай, - говорила Дарья, нарезывая ломоть за ломтем, - чай, голоден, болезный ты мой...

- Нет, спасибо, а вот кабы теперь кваску бы, Дарьюшка, - произнес Сусликов, когда все уже исчезло со стола (старик любил плотно покушать), и он уже готовился снять очки, чтобы всхрапнуть часочек, как вдруг в соседней комнате послышался громкий кашель и вслед за тем раздались по всему дому шаги Арины Минаевны. Дарья и Сусликов заметались как угорелые; последний кинулся к двери, но в ту самую минуту на пороге показалась Арина Минаевна, и он остался пригвожденным к полу, с открытым ртом, в котором виднелся еще кусок пирога.

- Что вы здесь делаете, а? - прохрипела Арина Минаевна, быстро окидывая заспанными глазами кухню. - Где ты по ею пору шлялся, а? - присовокупила она, мгновенно обращаясь к мужу и сердито хмуря густые с проседью брови.

- Ей-богу... а вот же ей-богу... Арина Минаевна, был на репетиции... - отвечал Сусликов с уверенностию, разводя руками, но так однакож, чтобы, в случае надобности, защитить ими свою лысину.

- Врешь, врешь, - круто перебила жена, - я давно встретила этого поганца Горковенку... ты опять шлялся, а? - прибавила она, делая шаг вперед.

- Уж я ли, я ли шляюсь, Арина Минаевна, - произнес Сусликов, забиваясь в угол и стараясь принять вид самого ничтожного, незначительного существа.

- Опять ты у меня по трактирам пошел! - продолжала Арина Минаевна. - Погоди же, разбойник ты этакой... вот я тебе покажу...

- А вот же, ей-богу, не был... ей-богу, - сказал супруг, высовываясь из угла, - отсохни руки и ноги, коли был... Грешно тебе, Арина Минаевна, бога ты не боишься... (Тут Сусликов быстро подогнул колени, прикрыл лысину обеими руками и окончательно исчез за душегрейкою Дарьи, болтавшеюся на гвоздике.)

- Уж попадись только в руки этот плут Громилов, окаянный, разбойник этакой... я ему покажу, как подбивать людей да водить по трактирам!..

- Ей-богу, Арина Минаевна, не был, - повторял Сусликов, высовывая опять голову, - маковой росинки во рту не было...

Арина Миняевна была в тот день очень не в духе. Во-первых, купец Рыжиков, которому она сватала дочь купца Севрюгина, повздорил с отцом невесты за роспись приданого, требуя от него настоятельно лисьей шубы, означенной в росписи и от которой Севрюгин начинал отнекиваться, - свадьба разошлась и, следовательно, труды свахи пропали задаром; во-вторых, Арина Минаевна, забежавшая после такой неудачи к одной молоденькой даме, провела битых три часа, восхищаясь ее красотою и платьем, только что принесенным от г-жи Трутру для бала, назначенного в честь гостя Кулындиных, не получив за то ровно никакого вознаграждения. Арина Минаевна осталась без гроша, и это обстоятельство тем более возбуждало в ней желчь, что до получения мужнина жалованья надо было ждать целый месяц. Куда девала Арина Минаевна столько денег, неизвестно. Не знаю также, до чего возросло бы неудовольствие грозной супруги, если бы не раздался в сенях стук и вслед за ним не послышался голос: "Кто здесь?.. дома, что ли?.."

В дверях показалась долговязая фигура с серыми глазами, в серой фуражке и серой ливрейной шинели с красным стоячим воротником и такими же красными полосами на капюшоне.

- Чего вам надо? - спросила наотрез Арина Минаевна.

- А надо, что Алкивиад Степаныч Кулындин требует к себе музыканта, что при театре.

- Зачем?

- Вот еще зачем? а я почему знаю, зачем? требует, приказал позвать, то есть чтоб сейчас же шел, нужно оченно скоро...

- Скажите, батюшка, сию мол минуту придет, - отвечала Арина Минаевна, бросаясь впопыхах к мужу, - сию минуту... Что ж ты, чушка ты этакая, копаешься? - ворчала она, подталкивая Сусликова, который схватывался за лысину и подгибал колени каждый раз, как только супруга приближалась. - Ступай скорей! А ты, разиня, чего буркалы-то свои глупые кажешь? потри ему сапоги. Ну, ну, скорей! неравно еще помощь какую оказать хочет тебе, дураку... а коли за чем другим зовет, так сам проси у него... ну, ступай! ступай!..

Через несколько минут Сусликов ковылял по улице, провожаемый глазами Дарьи, которая стояла на крылечке и, скрестив руки на крутую грудь свою, повторяла жалобным голосом: "ах ты, рожоный, болезный ты мой, и отдохнуть-то тебе, сердешному, не дадут... ненаглядный соколик!"

Вскоре Сусликов очутился подле дома Алкивиада Степаныча Кулындина и не замедлил войти в переднюю. В передней толкалось множество лакеев; тут находились всякого рода люди. Но Сусликов не оторопел, как нужно было ожидать; он поспешно поскрипел табакеркою и учтиво предложил каждому из них понюшку. Тонкая политичность капельмейстера, разумеется, не могла пройти даром в таком образованном обществе; кто-то из них взялся даже доложить о нем барину.

Когда Сусликов вошел в залу, его чуть не сшибли с ног шут и шутовка, или, правильнее сказать, дурак и дура, выпрыгнувшие неожиданно из-за двери и принявшиеся трепать его за полы сюртука. Капельмейстер согнул уже колени и прикрыл руками лысину, как перед Ариной Минаевной, но дело вскоре объяснилось: шут и шутовка потребовали табаку. Сусликов поскрипел табакеркою и поспешил исполнить их просьбу. Тогда дура, наряженная в белый суконный балахон, испещренный красными кругами, треугольниками и фигурками, побежала вперед, как бы расчищая дорогу, а дурак, приподняв свой халат из цветных лоскутков, пустился плясать вокруг Сусликова, ударяя при каждом коленце пяткою в пол и напевая в такт:

Чижик, чижик, где ты был?

На Фонтанке воду пил... и т.д.

Сусликов вступил в кабинет, сопровождаемый ими.

- Василиса пришла! - произнесла дура, вытягиваясь перед барином и делая самую серьезную мину, как будто докладывая о вошедшем.

- Пошла, пошла, фефелка, пошла, дура, - сказал с добродушною улыбкою Алкивиад Степаныч. - Здравствуй, Сусликов; подойди сюда, милый мой...

Алкивиад Степаныч, человек высокого роста, худощавый, приятной наружности, в золотых очках, с мягкими реденькими черными волосами, но так гладко прилизанными, что можно было без большого затруднения пересчитать все выступы и впадины на его черепе, что, без сомнения, доставило бы большое удовольствие не только Галлю[8], но и вообще всякому другому френологу. Алкивиад Степаныч изъясняется мягко и

---

[8] Галль Франц-Иосиф (1758-1828) - австрийский врач и анатом; основатель так называемой "френологии" - учения, согласно которому особенности психики человека якобы выражаются в строении черепа.

плавно; в его голосе есть что-то такое, невольно располагающее в его пользу.

- А я вот зачем позвал тебя, милый мой, - начал он. - Я ожидаю с минуты на минуту своего родственника... завтра у меня бал... Пошел прочь, Эська, пошел, дурак, - присовокупил он, обращаясь к шуту, который, просунув рыжую, выстриженную в кружок голову под руку Сусликова, показал ему язык, что крайне смутило капельмейстера. - Да, так у меня завтра бал... Можешь ли ты, милый мой, написать мне польский?

- Как же, сударь... только бы Николай Платоныч... - отвечал, переминаясь, капельмейстер.

Но тут Эська схватил Сусликова за плечи и, повертывая им как волчком, запел с приплясом:

Ой, коток, коток, коток,

Что ж ты ходишь без чулок...

- Пошел прочь, Эська! Экой дурак! пошел вон! Фефела! прогони своего жениха... пошли в залу... Ну, так ты можешь написать мне к завтрему польский?

- Как же, можно-с... вот только разве Николай Платоныч... - повторил Сусликов.

- Знаю, знаю, - перебил Алкивиад Степаныч, - да он и без того очень занят, ему некогда... я нарочно не просил Николая Платоныча, он бы не отказал мне; да видишь ли, дело к спеху, а я слышал, у тебя к этому большой навык; главное, чтоб поспело к завтрему вечеру; так можешь ли взять на себя такую работу?

- Можно, сударь... если ваша милость...

- И к завтрему будет готово?

- Как же, сударь.

- Наверное?

- Слушаю-с; можно даже к вечеру, если угодно, и репетичку сделать.

- И прекрасно! ну, а уж ты мною останешься доволен.

Сусликов приложил руки к животу, поклонился и повернулся, чтобы выйти.

- Погоди, милый мой, - сказал Алкивиад Степаныч, удерживая его за руку, - я позабыл сказать тебе, что все это должно оставаться в тайне до завтрашнего вечера, чтобы никто не знал об этом; это сюрприз... слышишь?.. Устрой так, чтобы даже музыканты до репетиции не знали.

- Слушаю-с...

- Ну, хорошо, милый мой, принимайся сейчас же за работу, чтоб не опоздать - это главное; ступай, милый мой, прощай!

Сусликов вышел в залу, но опять-таки попал в руки Фефелы и Эськи, которые, вместо ласк, принялись на этот раз преследовать его с гиком и визгом вплоть до самой передней. Наконец капельмейстер выбрался на улицу.

- Ну что, зачем тебя призывали? - спросила Арина Минаевна, выбегая к нему навстречу.

- А насчет музыкантов, - отвечал, запинаясь, Сусликов, - завтра, вишь, бал там, просил поуправиться с оркестром.

- Что ж он тебе дал?

- Посулил, Арина Минаевна; говорит: не забуду, доволен останешься.

- А тебе бы, дураку, попросить да поклониться.

- Не смел, Арина Минаевна.

- Э, дурак, дурак! ну, что - чай, при тебе небось говорили - что сказывали, а? ждут, чай, гостя?..

- Ништо, Арина Минаевна, ждут-таки.

- Ну, а в доме ничего не видал? чай, суматоха идет, а?

- Два какие-то, ништо, Арина Минаевна, так-то прыскают.

- Какие два?

- Скоморошенные, кажись, какие-то...

- Эх ты, дурак, дурак!

Арина Минаевна поспешно набросила на плечи траурный платок и побежала со двора. Сусликов снял сюртук, приладился к окну, поставил чернильницу, нотную бумагу, и вскоре весь домик наполнился визжанием скрипки, прерываемым иногда скрипом пера, которым Сусликов довольно быстро водил по бумаге, выставляя крючки и закавычки. Дарья, любившая засыпать под шумок скрипки своего болезного хозяина, приподымалась, однакож, довольно часто с своего сундука и, отворив осторожно дверь, произносила вполголоса, жалобно качая головою:

- Рожоный ты мой... Ох, болезный, соколик ты наш, вишь как умаялся, касатик, и вздохнуть-то тебе не дадут, моему батюшке...

Проговорив все это, она снова запирала дверь и отправлялась на сундук.

Сусликову тем более удобно было заниматься, что жена не ночевала дома. Арина Минаевна провела ночь у одной вдовы, оплакивавшей мужа, скончавшегося десять лет тому назад, и единственное утешение которой составляла старая моська, кормимая пилюлями из пресного теста, нарочно для нее изготовляемыми.

Весь следующий день прошел для Сусликова в занятиях. Он не отрывался от своего дела ни на минуту; он не заметил даже, как мимо его окон пролетали дрожки и линейки, не обратил ни малейшего внимания на общую городскую суматоху, возвещавшую о приезде ожидаемого гостя в город Б***. К вечеру только, часу в четвертом, капельмейстер вышел из дому, неся под полою только что оконченный польский. Все прошло как нельзя лучше;

Алкивиад Степаныч остался до того доволен музыкою Сусликова, что тут же вынул из бумажника две беленькие и подал их капельмейстеру, подтвердив ему явиться тотчас же по окончании спектакля на бал для управления оркестром и польским.

V

Зала театра была полнешенька. Все, что слыло в городе лучшим, собралось сюда в тот знаменитый вечер. Даже в местах за креслами и в райке сидели не бедняки. Первые ряды были заняты местным начальством и ремонтерами[9], тамошними театралами. Нечего упоминать, что избранная публика съехалась не для каких-нибудь драм или водевилей, которых все более или менее видели несколько раз; даже самый дивертисмент Николая Платоныча служил, кажется, одним только предлогом. Всеобщее внимание исключительно обращалось к приезжему, сидевшему налево, в ложе бельэтажа, принадлежавшей Алкивиаду Степанычу Кулындину - обстоятельство, возбудившее в разных концах залы несколько едких эпиграмм и замечаний со стороны самых искренних приятельниц Софьи Кириловны Кулындиной и ее супруга, который в самом деле принял почему-то уже слишком надменную и оскорбительную позу, хотя и не переставал улыбаться. Взоры всех все-таки с жадностью устремлялись на известную ложу; одна пожилая дама в зеленом платье с розовыми бантами, уподоблявшими ее издали тучному кусту, усеянному пышными розами, приехавшая в театр с тремя жиденькими дочерьми, была так очарована наружностью гостя, что не давала дочкам глядеть на сцену и, подталкивая поочередно каждую из них сзади, повторяла беспрестанно:

- Инна, держись прямее!.. Ринна, куда глядишь!.. Пинна, смотри налево!...

Причем Инна, Ринна и Пинна вытягивались в струнку и, кокетливо суживая глазки, бросали томные взгляды на ложу Кулындиных. Тишина в зале не прерывалась; зрители хранили благоговейное молчание, так что,

---

[9] Ремонтеры - в старой русской армии офицеры, назначавшиеся для закупки лошадей.

если б внимание публики было обращено на актеров, никто не проронил бы слова из драмы, которая разыгрывалась на сцене. Признаюсь, в этом случае можно сожалеть о присутствии родственника Кулындиных, потому что драма действительно достойна внимания, - уже одно то, что главная роль считалась лучшею в репертуаре Громилова. Вот ее содержание:

Один молодой человек (Аника Федорыч) и одна молодая девушка (Курочкина) страстно любят друг друга; ложный друг Громилова (Мускатицкий) влюблен также в эту девушку. Он похищает ее против воли из дому родителей и увлекает несчастную на корабль. Громилов преследует их на другом корабле. Буря посреди океана. Корабли сшибаются, разбиваются вдребезги, и часть обоих экипажей бросается на плот, нарочно приготовленный для непредвиденного случая. На плоту сталкиваются: ложный друг Мускатицкий, Громилов и Курочкина. Страшная сцена, заглушаемая ревом бури, свистом ветра и раскатами грома. Мало-помалу все умирают с голоду. Гром поражает злодея Мускатицкого. Остаются в живых одни лишь несчастные любовники. Но голод томит их; они уже четырнадцать дней без пищи; Громилов, в забытьи и ярости, решается, наконец, съесть свою возлюбленную, которая, жалобно скрестив ослабевшие руки на грудь, умоляет о пощаде, припоминая ему, в трогательных выражениях, то время, когда они рвали фиалки у берега ручья. Но освирепевший Громилов уже ничего не слышит, и жертва погибает. Утолив голод, несчастный любовник (и в этой-то сцене особенно хорош Аника Федорыч) начинает мало-помалу приходить в себя: он катается по плоту, терзаемый угрызениями совести, и решается лишить себя жизни, как вдруг показывается шлюпка.

Но Громилов сошел уже с ума. Пьеса кончается тем, что Громилов бродит по лесу, отыскивая повсюду гробницу милой; но вдруг появляется прислуга из дома умалишенных, вооруженная факелами. Громилов хватается за сердце, вновь обретает рассудок. Но поздно: силы его слабеют, он падает в изнеможении -и испускает последний вздох посреди живописной группы- прислужников, потрясающих факелами.

Тишина в зале прерывалась, однакож, каждый раз, когда заезжий гость, желая поощрить актера или оказать учтивость Николаю Платонычу, с которым его только что познакомили, хлопал в ладоши, - потому что тогда вся публика, от райка до задних рядов, принималась также хлопать, движимая, вероятно, теми самыми чувствами, какие воодушевляли гостя.

Николай Платоныч, находившийся в это время за кулисами, не переставал, однакож, трепать себя за волосы и, казалось, был в сильном волнении. Через полчаса какие-нибудь, должен был начаться дивертисмент. Он поминутно посылал в оркестр за Сусликовым.

- Все ли у тебя исправно? - в сотый раз спрашивал Николай Платоныч. - Смотри, не забыл ли чего-нибудь? Сейчас начнется дивертисмент, - помни, что я тебе говорил; как только Глафира Львовна оборвется или не дотянет ноты, fortissimo всем оркестром! Да и не слишком зачащивай, когда танцовщица начнет свой па, - дай ей три такта, три такта... слышал? Смотри же, держать ухо востро; ступай!..

Волнение Николая Платоныча возрастало с каждою минутой; временами оно принимало даже вид некоторой досады; это особенно случалось, когда громкие рукоплескания раздавались в честь Громилова, Мускатицкого и девицы Курочкиной. Наконец начался дивертисмент. По мере того как русская ария Глафиры Львовны приходила к концу, не нарушив ни разу молчания, досада г. Сабанеева начинала обнаруживаться сильнее и сильнее. "Охрипла! робеет! - твердил Николай Платоныч. - Сорвалась нота - э! Проклятый Сусликов не подтянул: fortissimo, fortissimo! - кричал он в оркестр, прикладывая губам обе ладони в виде трубы. - Опять опоздал, - э! ну, брр... прр! ну, пошло все к сатане!.. Вот что наделали, негодяи!" - присовокупил он, пожимая плечами и ударяя кулаком по коленям. - Начался хор радимичей и вятичей; но хору суждено было претерпеть ту же неудачу. И в самом деле, охота же была Николаю Платонычу исключительно писать ученую музыку, доступную одним лишь высоким знатокам и ценителям искусства. Николай Платоныч ходил уже как угорелый, проклиная артистов и неловкого капельмейстера. Как на зло, случилось, что при первом появлении танцовщицы и господина с вывернутыми ногами рукоплескания заглушали оркестр; г. Сабанеев заскрежетал зубами; но когда г. Розанцев начал свой комический английский па под названием horn-pippe и публика, потеряв всякое воздержание, разразилась единодушным восторженным браво, от которого дрогнули самые стены театра, гнев окончательно обуял композитора; даже режиссер Горковенко и еще несколько человек, одетых испанскими грандами, стоявшие поблизости, попрятались в самые темные углы кулис. "Позвать Сусликова! Сусликова сюда!.." - мог только прокричать Николай Платоныч, подстрекаемый, как нарочно, криком толпы, вызвавшей Розанцева за комический horn pippe... Должно полагать однакож, что вызовами занимался в это время раек, потому что главная публика спешила уже давным-давно на бал к Кулындиным.

Дом Алкивиада Степаныча представлял самое великолепное зрелище: плошки, шкалики, фонари снаружи по карнизам и на подъезде, цветы и ковры на парадной лестнице, везде лакеи в богатых парадных ливреях; по комнатам, усыпанным сотнями свечей, носятся струи самых тонких курений. Свет главной залы, обращенной окнами на парадный двор, был

81

так ярок, что позволял даже различать лица горожанок и купчих, стекавшихся толпами к решетке двора, чтобы поглазеть на праздник. Танцы еще не начинались. В залах, наполнявшихся народом, слышался покуда отрывчатый глухой говор и шелест туго накрахмаленных платьев. Дорогой гость, держа под руку хозяйку дома, стоял посредине залы, под самою люстрою; его окружали значительные лица города; остальные, менее значительные лица бродили взад и вперед, бросая томные, но более завистливые взгляды на эту группу. Пожилая дама в зеленом платье с розовыми бантами, окончательно очарованная наружностью величавого гостя и желавшая, вероятно, чтобы дочки разделяли ее чувство, не переставала подталкивать Инну, Ринну и Пинну, приглашая их всматриваться в него как можно пристальнее. Все казались, однакож, очень довольными и веселыми. Мрачен был один только Николай Платоныч, приехавший после других. Он, пожалуй, также улыбался, но это были скорее тени улыбок, да и то появлявшиеся не иначе, как когда гость поворачивался в его сторону. В таком многочисленном собрании никто, разумеется, не замечал мрачного лица директора; да и кому в эту минуту было до него, кроме разве Сусликова, который, судя по времени, должен уже был стоять где-нибудь в оркестре.

- Послушай, Николай Платоныч, я отыскиваю тебя повсюду, я уже думал, что ты не приехал, - сказал хозяин дома, неожиданно подлетая к директору. - У меня к тебе просьба: позволь твоему капельмейстеру управлять оркестром... Представь, он увидел тебя и, хоть зарежь его, не хочет; умора! Ну, брат, нечего сказать, задал же ты ему страху, - прибавил он шутливо, трепля его за руку.

- Пожалуй, любезнейший, сколько хочешь... Ты знаешь, я ни в чем тебе не отказываю... пусть управляет... пусть управляет...

- Нужно тебе сказать, у меня сюрприз, - это по твоей части, - новый польский... чудо!

- Чей? - спросил Николай Платоныч, судорожно ухватив себя за воротнички.

- Твоего Сусликова, - отвечал ему на ухо Алкивиад Степаныч. - Ну, брат, просто талант, я нарочно не говорил тебе, хотел сделать сюрприз: ну, mon cher[10], и ты таки удивил нас всех нынче... спектакль твой - charmant, charmant[11]! - присовокупил хозяин дома, повернувшись на каблуке и послав композитору поцелуй рукою.

Но композитор уже ничего не слышал и не видел; он судорожно взъерошил себе волосы и в один миг очутился подле оркестра. Горячий

---

[10] Мой милый (фр.)

[11] Прелестно, прелестно (фр.)

пот прохватил его насквозь, когда, по знаку Алкивиада Степаныча, Сусликов появился вдруг на возвышении перед музыкантами, и польский грянул всем оркестром. Все вокруг засуетилось, и вскоре пестрая вереница из дам и кавалеров, предводительствуемая гостем и хозяйкою дома, потянулась зигзагами по зале. "Charmant! прекрасно, превосходно! славный польский!" - послышалось внезапно отовсюду. Содержатель театра вздрогнул. Если б только Сусликов взглянул в эту минуту на Николая Платоныча, он, верно, выронил бы смычок и дал тягу, - но, к счастию, этого не случилось. Сусликов уже ничего не видел перед собою. По мере того как польский приближался к концу, группы перед оркестром умножались и похвалы раздавались сильнее и громче, - лицо старика разгоралось, оживлялось, колени его выпрямлялись, тщедушная согнутая фигурка его как будто вырастала и закидывалась назад; он быстро размахивал на все стороны смычком, мотал головою, топал ногою; жиденькие волосы, прилизанные на лысине, взбились кверху и колыхались, как степной ковыль, раздуваемый ветром...

- Charmant! отличный польский! ай да Сусликов! - кричали отовсюду.

Воодушевление капельмейстера возрастало... Но вдруг он опустил смычок, склонил лысину на сторону и дрожащею от волнения рукою положил скрипку: польский кончился.

- Прекрасный польский! очень, о-о-очень хороший, - сказал в свою очередь гость, останавливаясь перед оркестром подле самого директора (гость, нужно заметить, был в полном убеждении, что польский сочинен Николаем Платонычем, о котором наслышался уже как о музыканте). - Алкивиад Степаныч! - продолжал приезжий, обращаясь к хозяину дома, который подошел к нему с видом счастливейшего человека, - скажи, пожалуйста, откуда этот польский? Я никогда его не слыхал. Это, должно быть, что-то новенькое! Очень, о-о-очень хорошо...

- Это сочинение капельмейстера из оркестра господина Сабанеева, - отвечал с сияющим от восторга лицом г. Кулындин, подводя содержателя театра к своему родственнику.

- Неужели! - воскликнул тот. - Поздравляю вас, милостивый государь, с таким прекрасным приобретением. Это просто находка, - присовокупил он, пожимая руку композитора, с которого градом катил пот, - вы обладаете, как вижу, прекрасными талантами, и я вам вполне завидую... Нельзя ли мне как-нибудь доставить этот польский?.. Вы бы меня очень обязали... я большой охотник до музыки...

- Мне будет очень приятно, - пробормотал сквозь зубы Николай Платоныч, не упуская случая кивнуть Сусликову, который стоял ни жив ни мертв за своим пульпитром.

- У меня тоже свой оркестр, - продолжал гость, - но, признаюсь вам, далеко от такого капельмейстера...

- Вы делаете мне много чести, - пробормотал, краснея до ушей, Николай Платоныч и в то же время подал знак Сусликову, -чтобы тот сошел вниз.

Николай Платоныч подавал эти знаки так искусно, что гость и окружающие видели одни только приятные улыбки на лице Сабанеева, тогда как Сусликов встречал каждый раз грозно сдвинутые брови и вздрагивающие губы. Раскланявшись с гостем, Николай Платоныч бросился в угол подле оркестра, где ожидал его капельмейстер. Что говорил он ему, неизвестно; издали, впрочем, судя по фигуре Сусликова и выражению его лица, казалось, как будто Николай Платоныч извещал его о скоропостижной кончине отца и матери.

В то время приезжий, сопровождаемый многочисленною своею свитою, успел уже отойти на средину залы; место Сусликова в оркестре занял домашний капельмейстер Алкивиада Степаныча; через несколько минут заиграли первую французскую кадриль, и бал начался.

Но Николаю Платонычу было уже не до праздника; напрасно предлагали ему сесть в преферанс или остаться до ужина: он наотрез отказался. "Что с тобою, Николай Платоныч? Не болен ли ты? Не случилось ли чего?" - спрашивали вокруг приятели. "Ну, брат, поздравляем тебя! Вот не ожидали! Каков Сусликов, а? Кто бы мог думать?.. Талант, просто талант!" - говорили другие. Николай Платоныч ровно ничего не отвечал, хмурил только брови, дергал себя за воротнички, взъерошивал волосы и думал, как бы скорее выбраться вон. С своей стороны, Сусликов спешил также домой. Мысли его были в страшном беспорядке. "Дома ли Арина Минаевна?" - мог только произнести капельмейстер, когда Дарья вышла на его стук с фонарем в руках.

- Нетути ее, роженый ты мой, не приходила; да что с тобой, касатик? Али что прилучилось недоброе?..

- Ох-хохошиньки... хохошиньки... беда наша, Дарьюшка, - отвечал Сусликов, заботливо потирая лысину. - Не сказывай только Арине Минаевне, - прибавил он умоляющим голосом.

Далее Сусликов ничего не объяснил старой Дарье, сколько она ни допытывалась. Собрав черновые листы польского, он пустился со всех ног к Николаю Платонычу. Вручив бумаги камердинеру, он так же поспешно возвратился домой, спросил опять: "Дома ли Арина Минаевна?" и, получив отрицательный ответ, казалось, несколько успокоился.

На другой день, часу в двенадцатом, Николай Платоныч явился к родственнику Кулындиных с польским, исправленным им в продолжение ночи. Гость был любезен до крайности, осыпал его похвалами и, в довершение, объявил, что польский уже есть у него, ибо Алкивиад Степаныч, не далее часа тому назад, принес ему эту пьесу в оригинале, оставленном вчера после бала на пульпите.

Это, невидимому, ничтожное обстоятельство произвело, однакож, очень важные последствия. "Позвать Сусликова!" - были первые слова, произнесенные содержателем театра по возвращении его домой. Слова эти были так произнесены, что лакей, к которому обращено было приказание, исполнил его на рысях, и не более как через пять минут явился сам Сусликов.

Какого рода совещание происходило между Николаем Платонычем и Семеном Игнатьичем, определить в точности трудно; должно предполагать однакож, что объяснение было горячее, потому что первый любовник, Мускатицкий, которого также приказал позвать Сабанеев для каких-то переговоров, услышав частичку разговора, никак не решился войти в кабинет и стоял за дверью, пронимаемый попеременно ознобом и жаром, как будто его обдавали то кипятком, то студеной водой.

Свидетельство Сусликова ровно ничего не объясняло из того, что происходило между ним и директором. Когда расспрашивали его об этом, он только прикрывал рукою лысину да подгибал поспешно колени, и больше ничего.

VI

К вечеру того же дня в городе узнали, что капельмейстер Сусликов отставлен от своей должности, а на место его назначен кларнетист, дальний родственник известной примадонны, Глафиры Львовны Цветошниковой. По поводу этого родства и поспешности, с какою исполнялось Николаем Платонычем все, чего требовала Глафира Львовна, было, разумеется, много толков.

Каждый легко вообразит, какое впечатление произвело на Арину Минаевну известие об изгнании мужа. Распространяться о том, что произошло в ее доме, чем обнаружились первые ее движения, лишнее; вторым ее делом было кинуться к Николаю Платонычу. Но композитор не дослушал ее слезной речи, повернулся к просительнице спиною, взъерошил волосы, дернул себя за воротнички и приказал немедленно выйти ей вон. Затем Арина Минаевна пустилась со всех ног к Алкивиаду Степанычу. Алкивиад Степаныч, выслушав внимательно, в чем дело, попросил ее подождать, сел в коляску и полетел прямо к Николаю Платонычу. Не прошло и четверти часа, как он снова вернулся назад; но, вместо утешительных известий, г. Кулындин объявил наотрез Арине Минаевне, что ровно ничего не может для нее сделать, что Николай

Платоныч грубый человек, с которым хочет он прервать всякого рода сношения, что он прежде не знал этого, что с этого же дня нога его не будет в доме Сабанеевых и, наоборот, что он очень сожалеет о невозможности определить Сусликова в свой собственный оркестр, за неимением в нем на время никакой надобности, и так далее; словом, поверг Арину Минаевну в совершенное отчаяние. Но кто представит себе весь ужас злосчастной женщины, когда, вернувшись домой, она услышала от Дарьи, как Сусликов пропал из дому, а с ним вместе и Аника Федорыч Громилов, как захватили они с собою скрипку, ноты, баночку с канифолью и как после всего этого рожоный и болезный Семен Игнатьич сулил ей три двугривенных, если только она согласится поступить к трагику кухаркой.

Арина Минаевна с плачем и воплем бросилась к благодетельницам, прося защиты и помощи, но на этот раз никто не слушал ее. Уж весь город, не выключая и самих благодетельниц, был исключительно занят ссорою Николая Платоныча и Алкивиада Степаныча. В самое короткое время образовались две партии - одна за Сабанеевых, другая за Кулындиных; партии эти, предводительствуемые большею частию благодетельницами, объявили вскоре войну; пошли споры, толки, пересуды, и бог весть чем бы все это кончилось, если б мужья, наскученные такою дребеденью, не махнули рукой и не разъехались кому куда пришлось. Тогда только, посреди возникшей тишины, вспомнили старого Сусликова и его супругу; но тут толков не много было и партий решительно никаких не возникло; все единодушно утверждали, что Сусликов пьет запоем, а Арина Минаевна - бедная женщина, достойная всякого сострадания и лучшей участи. Последнее заключение справедливо, но первое, к несчастию, еще справедливее.

В таком-то положении находились дела, как вдруг Алкивиад Степаныч получил письмо от дорогого своего родственника, в котором тот убедительно просил его переманить как-нибудь к нему в оркестр капельмейстера Сусликова. Хотя Алкивиад Степаныч был человек известный своею обходительностию и кротостию, однакож мысль сделать что-нибудь в пику своему врагу Николаю Платонычу так обрадовала его, что он тотчас же приказал позвать к себе старого капельмейстера. Обстоятельства Сусликова, нужно заметить, находились в это время в самом жалком состоянии. Уже две двадцатипятирублевые ассигнации, пожалованные ему за польский, приходили к концу, а вместе с тем и самая дружба Аники Федорыча что-то начинала ослабевать; уже старик приходил в отчаяние и думал прибегнуть к крайней мере, обратиться снова к Арине Минаевне, когда неожиданно позвали его к Кулындину. Увидев перед собою капельмейстера, Алкивиад Степаныч отступил шаг назад, скрестил руки на грудь и покачал головою.

- Ай, ай, ай! - произнес он, оглядывая старика с головы до ног, - значит, милый мой, мне правду про тебя говорили... тсссс... ай, ай... стыдись, милый мой, стыдись, посмотри, на кого похож теперь...

Сусликов действительно много переменился: лицо его осунулось, похудело, спина согнулась, волосы не были приглажены по обыкновению на лысине справа налево, а торчали туда и сюда, как после сна; от жилета и горохового сюртука оставались одни лишь лохмотья...

- Тссссс... - продолжал Алкивиад Степаныч, - жаль, жаль, ведь ты, милый мой, артист, художник, тссс... ведь тебе только что по-настоящему открывается дорога. Знаешь ли что: мой родственник, тот самый, который хвалил твое новое сочинение, просит определить тебя к нему в оркестр капельмейстером... а ты так дурно ведешь себя, пьешь все... стыдись, милый мой. Знаешь ли, что родственник мой показывал твой польский артистам и музыкантам, лучшим музыкантам: все утверждают, что у тебя есть талант, что ты можешь выйти далеко... а ты еще пьешь, милый мой... тсссс... стыдись...

Сусликов ничего не отвечал; он стоял, понуря лысую свою голову, и только переминал дрожащими руками лохмотья бумажного платка.

- Ну, милый мой, - присовокупил Алкивиад Степаныч, - надеюсь, что ты исправишься... не так ли? Подумай, ведь ты артист, милый мой, художник, человек с дарованием... как же это можно пить! тсссс... (тут г. Кулындин опять-таки замотал головою). Нужно тебе сказать, - прибавил он, - что родственник мой дает тебе две тысячи рублей в год жалованья, ты будешь жить в его доме, на его глазах; подумай об этом; ведь если ты станешь продолжать вести себя таким образом, ты лишишься своего места, а что ж тогда?.. тсссс...

Сообщив Сусликову еще кой-какие замечания касательно нового места, снабдив его добрыми наставлениями, Алкивиад Степаныч, тронутый, вероятно, жалким видом горохового сюртука, сунул ему в руку ассигнацию и приказал немедленно готовиться в дорогу. На радостях Сусликов, может быть, и отправился бы в ближайшее заведение, но, к счастью, намерение его предупредили. Камердинер Алкивиада Степаныча, согласно отданному заранее наставлению, передал его из рук в руки Арине Минаевне, которая, извещенная уже обо всем, ожидала блудного своего супруга в передней. Находясь в трезвом состоянии и быв, следовательно, слаб духом, Сусликов не противился и, прикрыв лысину, подогнув колени, тотчас же последовал за дражайшею половиной... Несколько дней спустя после того из ворот серенького домика с крылечком, где жил старый капельмейстер, выехала телега, навьюченная кулечками, перинами, горшками и всяким домашним скарбом и рухлядью. Главное место подводы занимала Арина Минаевна. Толстая голова ее была укутана черным шерстяным платком, по-дорожному. Подле нее, ближе к козлам, между кулем картофеля и футляром скрипки робко высовывалась голова Сусликова. Воротник горохового сюртука, приподнятый кверху, позволял, однакож, различить лицо старика, изображавшее глубокую тоску. На облучке рядом с извозчиком сидела, обернувшись передом к хозяевам, Дарья. Телега подвигалась молча, никем почти не замеченная, посреди пыльных улиц города Б***; на всем пути от дома до заставы попались два-три лица, выглянувшие из окон между горшками с бальзамином, да и те такие заспанные и недовольные, что Сусликов невольно отвернулся. У заставы подвода остановилась. Дарья медленно слезла наземь. Началось прощанье. Все совершалось как нельзя спокойнее. Но когда Арина Минаевна отдала приказание ехать и телега тронулась, Дарья, оставшаяся одна-одинешенька, выронила из рук узелок, в котором хранились ее пожитки, присела на тумбочку и разразилась таким воплем, что стоявший поблизости ее таможенный досмотрщик почел необходимым сказать ей: "Чего ты глотку-то дерешь? отваливай! здесь не место..."

Делать было нечего; Дарья встала, взвалила узелок на плечи и направилась к городу, не переставая, однакож, оборачиваться поминутно к дороге, где клубилось косое облако пыли, относимое ветром...

Легко, очень легко могло статься, что Сусликов, несмотря на то, что ему было скоро шестьдесят и глаза его начинали слепнуть, довершил бы свою музыкальную карьеру чем-нибудь достопримечательным и оправдал бы надежды Алкивиада Степаныча Кулындина, если бы только счастливая звезда его, утомленная, вероятно, напутствовать такого недостойного любимца, не закатилась преждевременно. Сусликову, должно быть, уж на роду написано было получать не более пятисот рублей жалованья и проживать смирненько, скромненько, в глухой неизвестности, под блюстительным оком Арины Минаевны. Дело в том, что Семен Игнатьич не доехал до места назначения. На третьей или четвертой станции от города Б*** он почувствовал сильный жар и попросил чего-нибудь кисленького, чтобы утолить жажду. К несчастью, в гостинице нашлось все, что угодно, кроме того, что спрашивал проезжающий. Арина Минаевна уложила мужа в- подводу и поехала далее. На пятой станции стало ему хуже, на шестой - еще хуже; на седьмой - он слег в постель шурина, станционного смотрителя, полежал час, другой, вздохнул, попросил еще раз чего-нибудь кисленького и отдал богу грешную свою душу...

Что ж касается до Арины Минаевны, она живет о сю пору, и как еще живет! толстеет и добреет с каждым часом; да, впрочем, что ей делается? Она разъезжает по уездам от одной помещицы к другой: где день погостит, где два, где и целую недельку. Тут выпросит медку, там крупицы, здесь курочку, в другом месте поднесут рюмочку, в третьем предложат очередную подводку да проводника доехать до ближайшего соседа. И вот Арина Минаевна садится и едет себе по извилистому кочковатому проселку, покрякивая да подталкивая своего вожатого. Подъезжает она, голубушка, к барскому дому, вываливается, кряхтя, из телеги, спрашивает повелительно помещика или помещицу и прямо вваливается в комнаты.

- Здравствуйте, сударыня или сударь, - говорит Арина Минаевна, смягчая по возможности свой сиплый, басистый голос - здравствуйте, честь имею рекомендоваться - была прежде жена музыканта - капельмейстера, а теперь - просто Арина Минаевна...

- Позвольте узнать, - спрашивают обыкновенно хозяева, - что вам угодно?

- Всякое даяние благо... всякое даяние благо... не поможете ли чем бездетной одинокой вдове?.. - отвечает Арина Минаевна, слегка приподнимаясь с места и устремляя серые глаза свои на хозяев.

Она всем берет, чем угодно; и удивительное дело, как проворно исчезает в ее руках всякое подаяние! вот, кажется, только что взяла целковый, глядишь, глядишь пристально - и уже нет его, между тем как ее пальцы, толстые и жирные, кажется, вовсе не созданы для фокусов. После подаяния радушные хозяева предлагают бедной вдове откушать с ними чем бог послал; но Арина Минаевна имеет обыкновение отказываться, уверяя, что только что отобедала у губернаторши.

- Велите-ка лучше, милостивая государыня, - присовокупляет вдова, - истопить мне баньку...

После баньки, которую Арина Минаевна между прочим считает первым наслаждением, она просит, чтоб ей отрекомендовали кого-нибудь из ближайших соседей, и обращается обыкновенно с этою просьбою к людям.

- Да ты мне, братец, не толкуй, - говорит она с некоторым жаром, - не рассказывай про тех, у кого в семи дворах один топор; говори про тех, которые могут мне помощь оказать... понимаешь?..

Расспросив подробно, как и куда следует ехать, Арина Минаевна как бы вдруг переменяет намерение и просит у хозяев позволения заночевать. Таким образом заночевывает она, сердечная, ночь, другую, третью, пока, наконец, хозяин или хозяйка, приведенные в отчаяние опустошительною гостьею, не предлагают ей очередную подводу. Тогда Арина Минаевна Сусликова, нимало не обидясь, прощается с хозяевами, укладывает свои узелки с подаянием, вваливается, кряхтя и ворча, в телегу и снова отправляется в путь.

ПАХАРЬ

I

Первые впечатления

...Звонили к вечерне. Торжественный гул нескольких сотен колоколов усиливался постепенно и разливался мягкими волнами над Москвою. При ярком блеске весеннего солнца, начинавшего клониться к западу, Москва казалась волшебным, золотым городом. В эти часы весенних ясных вечеров Москва ни с чем сравниться не может! Но все-таки не нахожу слов, чтобы передать радостное чувство, которое овладело мною при расставании с городом. Я как будто воскрес душою, когда миновал Замоскворечье, проехал последнюю улицу, обставленную трактирами, запруженную народом, подводами, сайками, калачами, баранками, и очутился наконец за заставой.

Шум и возня, превращающие близость застав в многолюдный базар, делают еще заметнее резкий переход из города па поле. С каким наслаждением откидываешь верх тарантаса! А между тем впечатление еще не полно: долго попадаются возы с телятами, овощами и припасами всякого рода, встречаются толпы каменщиков, плотников и других рабочих. Все это невольно приводит на память городскую возню и суматоху, которую только что покинул и которая так давно наскучила. Время от времени приходится проезжать длинные села с каменным барским домом, как бы перенесенным сюда прямо с Тверского бульвара. На улице народ в картузах и синих мещанских кафтанах; бабы в штофных коротайках; парни похожи на фабричных щеголей; девки с бойкими глазами и пухлыми, белыми руками, никогда не бравшими серпа. Все почти подворотни превращены в лавочки: везде весы, баранки, деготь и ободья; в окнах неуклюжие самовары. Верст за десять и даже более от заставы встречаются щегольские, расписанные цветами тележки, в которых величественно восседает толстая мещанка с золотисто-фиолетовым платком на голове; рядом помещается такой же толстый сожитель, мещанин, - купец, поставляющий крупу или муку в один из столичных лабазов... И долго, еще долго будут попадаться давно наскучившие и как бы скроенные на один лад физиономии; долго станет преследовать звяканье медных пятаков, смешанное с тем несносным, одуряющим голову дребезжаньем, которое преследует вас в городе и днем, и ночью. Приморские жители уверяют, что звук, который слышится в больших раковинах, происходит от того будто бы, что в их пустоте навсегда остается шум моря: "море нашумело", говорят они. Надо полагать, человеческое ухо, как эти раковины, если не всегда, то надолго способно сохранять шум города. Город давно уже успел исчезнуть; исчезли постепенно и самые признаки городской суетливости; даже колокольный звон, долго покрывавший все остальные звуки, тонул и терялся в пространстве. Но все еще в ушах раздавались шум и трескотня улиц, грохот экипажей, хлопотливый говор, знакомые голоса и восклицания... Я страшно тяготился городом!...

Разлука с ним чувствительна для тех, кто оставляет за собою особенно близких людей или особенно дорогие воспоминания; но когда нет ни тех ни других, когда покидаешь одну суетную, мелкую жизнь, оставляющую после себя чувство умственной и душевной усталости и непременно чувство какого-то неудовольствия и даже раскаяния, - разлука с городом делается сладостною выше всякого описания. Понятно тогда, почему так заботливо стараешься забыть все прошлое; понятно, почему сердце так только вот и рвется вперед и вперед к этому бескрайному горизонту, полному такой невозмутимой, такой торжественной тишины...

С каждом шагом вперед, кругом делалось тише и тише, воздух свежее и свежее. Я нетерпеливо ждал минуты, когда прощусь с большой дорогой. К счастию, недолго было дожидаться: на пятнадцатой версте я повернул на проселок.

II

И вот я снова в полях, снова на просторе, снова дышу воздухом, пахнущим землею и зеленью!

Чудный был вечер! Солнце было еще высоко над горизонтом: оставалось час или полтора до заката. Прозрачное, безоблачное небо дышало свежестью; оно сообщало, казалось, свежесть самой земле, где на всем виднелись признаки юности. Апрель приближался к концу. Весна была ранняя, дружная; снег давно сбежал с полей. Повсюду, направо и налево от дороги, вдали и вблизи, по всем буграм и скатам, зеленели озими, освещенные косвенными золотыми лучами; тонкие полосы межей были еще темны; над ними вместо тучных кустов кашки, донника, ежевики и шиповника лоснились покуда пунцовые прутья и подымались ноздреватые, пересохнувшие стебли прошлого года; где-где разве развертывался и сквозил мягкий, как бархат, лист земляники. Но как уже хорошо было в поле! Тишина необыкновенная. Так тихо, что ни одна былинка не покачнет головкой; а чувствуешь, между тем, - слышишь даже, что весь этот неоглядный простор земли и воздуха наполнен жизнию и движением. Напрягаешь слух, жадно прислушиваешься... И - странно! - звуки эти радостно даже как-то отдаются в душе и тешат ее... Совсем не то, что в городе... В блестящей глубине небесного свода не видать жаворонка; но воздух наполнен его переливами. В каждой борозде, в чаще мелкой травы, в озимях слышатся писк, шорох. Далеко в рощах воркует горлинка и перелетают с места на место дикие голуби. Все оживает: в самой тонкой ветке, в самых нежных стебельках движется свежий сок, хлынувший из корня, которому так тепло теперь под землею, нагретою солнцем. Мириады насекомых роями жужжат в воздухе, снуют и качаются на гибких травках молодой зелени. Солнце везде и всюду: солнце насквозь пронизывает густые чащи, не успевшие еще заслониться листом; солнце донимает в глубине лесов и оврагов остатки рыхлого, почерневшего снега; солнце жаркими лучами обливает поля, где сквозь редкую еще зелень блистают новые отпрыски озимого хлеба и желтеет прошлогоднее, дотлевающее жнивье. С каким наслаждением выставляешь на вешнее солнце спину и обнаженную руку! В воздухе уже не чувствуешь той проникающей сырости, которая заметна в первую весеннюю пору, когда реки в разливе; реки вступили в берега свои. Вода сквозила и отражала чистую синеву неба: леса - особенно, если смотреть на них сбоку - видимо, почти опушались. Еще два-три такие дня, и птицы, которые поминутно встречаются с соломинкой или перышком в носу, начнут вить свои гнезда в защите под куполами и сводами молодых листьев.

Местами проселок был влажен; но нигде не было следа грязи: колеса катились как по бархату, оставляя по чернозему следы, как бы покрытые лаком.

Славное было время для путешествия!

III

Мне следовало проехать около двухсот верст по этому проселку. Недалеко, кажется, но, в сущности, это целое странствование: предстояло переехать Оку, на которой, судя по времени, не успели еще навести моста; было на пути еще несколько маленьких речек, которые переезжаются обыкновенно вброд, потому что мосты на них обманчивее всего брода. Но я не скучал этим.

Надо вам сказать: я с детства чувствую особенное влечение к нашим русским проселкам. Если судьба приведет вам когда-нибудь случай ехать по России, если при этом вам спешить некуда, вы не слишком взыскательны в отношении к материальным условиям жизни, а главное, если вам страшно наскучит город, советую чаще сворачивать с больших дорог: большие дороги ведь почти те же города! Это бесконечно длинные, пыльные и пустынные улицы, которыми города соединяются между собою; местами та же суета, но уже всегда и везде убийственная скука и однообразие. От Петербурга до Харькова, от Москвы до Перми - те же станционные дома, те же вытянутые в ряд села и деревни, предлагающие овес, деготь, кузнеца и самовар; вам мечутся в глаза те же полосатые версты, те же чахлые, покрытые едкой пылью ветелки, те же ямщики. Вся разница в том, что один ямщик говорит на "о" и носит шапку на манер гречишника, а сто верст далее делают ударение на "щ", и шапка его несколько приплюснута. "От Мурома до Нижнего столько-то, и столько-то от Орла до Тамбова!" - вот все, что узнаете вы на больших дорогах.

То ли дело проселки! Вы скажете: поэзия! Что ж такое, если и так? И наконец, если хотите знать, поэзия целой страны на этих проселках! Поэзия в этом случае получает высокое значение. Правда, вам не предложат здесь баранков, вы часто исходите целую деревню и не найдете самовара; не увидите вы здесь ни пестрых столбов, ни ветел, ни станций; не вытягиваются проселки по шнуру; не трудился над ними инженер - все это совершенная правда: их попросту протоптал мужичок своими лаптишками; но что ж до этого! Посмотрите-ка, посмотрите, какою частою, мелкою сетью обхватили они из конца в конец всю русскую землю: где конец им и где начало?... Они врезались в самое сердце русской земли, и станьте только на них, станьте - они приведут вас в самые затаенные, самые сокровенные закоулки этого далеко еще не изведанного сердца.

На этих проселках и жизнь проще и душа спокойнее в своем задумчивом усыплении. Тут узнаете вы жизнь народа; тут только увидите настоящее русское поле, в тем необъятно-манящим простором, о котором так много уже слышали и так много, быть может, мечтали. Тут услышите вы впервые народную речь и настоящую русскую песню, и, головой вам ручаюсь, сладко забьется ваше сердце, если только вы любите эту песню, этот народ и эту землю!...

IV

Посмотрите теперь, какое здесь разнообразие. Проселок, цепляясь с другими, бежит вперед и вперед, открывая поминутно новые виды: где деревушку, которая боязливо лепится по косогору, где пруд с головастыми ветлами, осокой и дощатым плотом, на нем толпа баб с вальками и коромыслами, пруд, отражающий клочок неба и кровлю перекосившейся избушки; где группу кудрявых дубков с вьющимися над ними галками и отдыхающим в стороне стадом; где гладь, бескрайную, необозримую гладь полей, и посреди ее, на каком-нибудь перекрестке, одинокий крест или часовню; где лощину, покрытую частым орешником и перерезанную ручьем, который пересох в песчаном дне, усеянном угловатыми камнями. Вы спускаетесь на мост, который, едва прикоснулись к нему копыта лошади, весь как будто переполнился страхом; дрожит он всеми своими суставчиками; дрожит, опасаясь, вероятно, за свое собственное существование столько же, сколько за жизнь смельчаков, которые так беззаботно вверяют ему свои кости. G диким криком и верезгом поднялась стая чибезов, испуганных шумом... И вот снова поднялись вы по косогору, снова на проселке, и снова пошли направо и налево новые виды: где клин соснового бора, который глянул для того, кажется, чтобы тотчас же скрыться; где снова зеленеющие пажити, с движущимися тенями туч и косыми полосами ливня на горизонте; а вот и большое село, с белою церковью на бугре, речкой, отражающей старинный липовый сад, лугами, избами, скворечницами и колодезным журавлем, высоко чернеющим в небе... И как, право, хороши эти виды!

V

А между тем, чем далее подвигался я в глубину полей, тем тишина, меня окружавшая, делалась все торжественнее. Солнце село; вместе с ним угасла, казалось, и самая жизнь: смолкли хоры, смолкла гармоническая музыка, наполнявшая весь день и воздух, и землю. Темно-синий горизонт разлился по небу, и загорелись звезды...

На другой день, вечером, я приближался к цели моей поездки. Беззаботное, счастливое настроение духа, которое не оставляло меня во всю дорогу, стало изменять мне; сам не знаю отчего, но кровь волновалась сильно, я начинал чувствовать то внутреннее беспокойство, которое предшествует всякому ожиданию, как радостному, так и печальному. Когда я поднялся на холм, откуда видны были сначала деревня, потом роща, а за нею кровля дома, сердце мое забилось вдруг необыкновенно сильно.

Не верьте, пожалуйста, нашим столичным умникам, которых мы же сами, не находя им другого названия, а может быть, просто, из снисхождения, прозвали людьми с строгим, философским складом ума. Посмеиваясь над самыми простыми, естественными и, уж конечно, лучшими нашими чувствами, называя их действием воображения или слезливо-сентиментальными выходками, они, я уверен, слову не верят из того, что проповедуют: они только рисуются перед нами. Ведь только глупцы могут потешаться над тем, чего не знают или чего сами сознательно не переживали. Философия наших знакомых - больше ничего, как фразы, сухое и очень дешево доставшееся резонерство. Истинная философия состоит в убеждении, что лишнее умничанье ни к чему не ведт Счастие заключается в простой жизни; просто живут те только, которые следуют своим побуждениям и доверчиво, откровенно отдаются движениям своего сердца. Дайте любому философу живописный участок земли, дом - какой-нибудь уютный, теплый уголок, скрытый, как гнездо, в зеленой чаще сада; пускай вместе с этим домом соединятся воспоминания счастливо проведенного детства, - и тогда, поверьте, подъезжая к нему после долгой разлуки, он искренно сознается, что вся философия его - вздор и гроша не стоит!

VI

С каждым поворотом колеса я приподымался и нетерпеливо вытягивал шею. Глаза с жадностью перебегали от ряда знакомых ветел к крыше дома, которая начинала выглядывать из-за угла старого сада. Я уже мысленно ступал по тропинке, протоптанной через двор, она вела к липовой аллее, свидетельнице моих детских игр, первых моих слез и первых радостей. Существуют ли еще качели, привешенные к шесту между двумя старыми деревами?... Что сталось с моим садиком, который занимал всего аршин, но казался мне тогда великолепным парком?... Все ли еще существует и белеет на своем месте, за ветхою стеною амбара, каменная плитка, над которой, обливаясь когда-то слезами, хоронил я умершего воробья... Я превращался в ребенка; я волновался и радовался,

95

как будто меня ждала там и простирала ко мне руки вся минувшая моя
юность; как будто ждало меня там бог весть какое счастие!...

VII

А счастия, право, никакого не было! Дом мой опустел давным-давно,
никто не махал мне издали платком; никто не бежал к околице; никто
меня не встретил. Самый дом глядел угрюмо, неприветливо своими
серыми бревенчатыми стенами, наглухо заколоченными ставнями,
заброшенным палисадником и полуобвалившимся плетнем, из которого
половина кольев была вынута.

- И все-таки - не странно ли это? - в душе моей ни тени тоскливого
чувства! Кроме сладких воспоминаний детства, в сердце постепенно
рождалось еще другое ощущение... сказать ли вам? я радовался тому
именно, тому радовался, что никто не встретил меня, никто в эту минуту
обо мне не думал и не заботился!... Я вошел в этот опустелый дом с тем же
радостным биением сердца, с каким подъезжал к нему. Не вините меня в
мизантропии или вообще в расположении к мрачному одиночеству. Не
нужно быть вовсе мизантропом, чтоб чувствовать иногда сильнейшую
потребность умственного, душевного спокойствия. Я просто утомился
городом и искал тишины.

VIII

Мне случалось встречать людей, горячо привязанных к семейству.
Вдруг, посреди самой счастливой обстановки, сами сначала не сознавая
этого, начинали они предаваться неслыханной тоске. И в мыслях, и на
языке была одна только мысль: уехать, исчезнуть куда-нибудь, где бы
ничто не напоминало прерванных на время связей; и все это без
малейшего повода со стороны семейства или внешних каких-нибудь
обстоятельств.

В числе убеждений, вынесенных мною из жизни и внушенных мне
опытом, находится, между прочим, следующее: очень часто свет
удивляется продолжительности некоторых сердечных связей. Вся тайна

заключается в препятствиях, которые ставит этот же самый свет между связанными людьми, и мешает им не только неразрывно делить жизнь, но даже мешает беспрестанно видеться. Уничтожьте препятствия, и тогда, наоборот, все станут удивляться непрочности сердечных привязанностей. Счастие многих и многих семейств поддерживается только временными разлуками. Иное сердце пресыщается скоро, другое медленнее; но все равно испытывают пресыщение. И, наконец, даже и без этого чувства, так уж душа бывает иногда настроена, что полное, глубокое одиночество кажется единственным блаженством существования. В такие минуты самые ласковые речи, самая искренняя, задушевная нежность способны только раздражать нервы.

IX

Дом мой расположен как нельзя удобнее; он отдален от деревни; между ними холм и роща; из деревни не доходит ни одного звука, кроме лая собак и петушиного крика на заре. Самая деревня находится в исключительно благословенном положении: она как бы затеряна в глубине уезда между нескончаемыми полями и рощами.

Первым движением моим, Как только я вошел в комнату, было отворить окно всад. Ночь сменила сумерки Высокие липы обступали сад; кусты, разбросанные в беспорядке и успевшие уже в эти два дня опушиться веленью, сливались местами в одну совершенно темную массу и неопределенно круглились между дорожками, которые слегка серебрила роса. Слева только, между черными, как уголь, стволами, светлела часть пруда; в ней, как в чистом зеркале, незыблемо отражались синее небо и робко мерцающие звезды. Струи воздуха, пробегавшие перед закатом, не трогали теперь ни одной веткой. Запах вечерней росистой мглы, смешанный с запахом почек, молодых отпрысков, и запахом прошлогоднего листа, проникал, казалось, каждый атом воздуха и медленно курился над садом. Самое полное, самое невозмутимое безмолвие распространялось не только вокруг, но даже далеко по всей окрестности.

Я опустился на окно, отдаваясь весь новому сладчайшему впечатлению. Слух мой, освобожденный от трескотни города, получил страшную чуткость; но тишина окрестности ничем не нарушалась. Изредка чиликнет внезапно пробудившаяся птичка, прожужжит запоздавший жук, стукаясь рогатой головкой о сучья, или послышится треск молодой ветки, которая распахнулась от избытка свежего сока, и снова воцаряется молчание...

Влияние тишины, царствующей над полями, вполне может быть доступно тем только, кто долго тяготился тревролнениями житейского моря, чей слух и чьи нервы многие годы постепенно тяготились и раздражались безумной суматохою города. Я чувствовал, как тишина вливалась в душу, и как делалось в ней и покойнее, и светлее.

X

Каждый день, прожитой здесь, приводит меня к убеждению, что сельская жизнь улучшает человеческую природу. Не считая того, что она ставит в необходимость жить больше с самим собою, представляет мало развлечений и тем самым сосредоточивает мысли и делает их яснее, одно из главных преимуществ ее заключается в том, что она значительно усмиряет нашу гордость. Влияние ее в этом случае совершенно противоположно влиянию города.

Там все заставляет нас много о себе думать: стесненные в домах и улицах, которые кажутся широкими только сравнительно, встречая на каждом шагу тысячи предметов, изобретенных человеком, мы невольно начинаем считать себя чем-то особенно важным. Все подтверждает уверенность в наше могущество, силу и способности. Здесь впечатления совсем другого рода: здесь уже давит нас один этот простор, которым окружены мы с утра и до вечера. На улицах, между домами, точно делаешься заметным; здесь - превращаешься почти в ничто, в едва видную точку. Ваша власть уничтожается, как ваши размеры: здесь все растет, созидается, разрушается и движется, не обращая на вас ни малейшего внимания, не спрашивая ни вашего совета, ни вашего разрешения.

В городе отдаешь себе ясный отчет в своем гордом удивлении и, надо сказать, тотчас же переносишь частицу этого удивления к себе самому; здесь - удивляешься молча. Ум, пораженный бесконечным совершенством природы над совершеннейшими делами рук человеческих, пораженный всегдашним ее величием, смиренно сознает свое детское бессилие.

XI

Здесь встречаются так же, как и везде, неудачи, препятствия, неприятности; но если не выходишь из мирной сферы сельской жизни, самые эти неудовольствия не раздражают духа: в них всегда есть что-то примирительное. И, в самом деле, на кого здесь пенять? На дождик ли, который не вовремя упал на вашу ниву? на запоздалую ли весну и холодные утренники, которые задерживают рост травы и озимей? на червь ли, подточивший корень вашего хлеба, или на град, скомкавший широкое поле ржи, так приветливо золотившееся на июньском солнце и обещавшее такую богатую жатву?... Никто в этом не виновен. Горе "не от человека". "Так, знать, богу угодно!", "Его на то святая воля!..." - скажет вам здесь простолюдин. Вместе с этой нивой он и семья его теряют, однако ж, спокойствие целого года. Мысль эта является здесь беспрерывно. Горе, поразившее вас, велико; но оно не оставляет раздражения в сердце, не возбуждает бесполезного, грешного ропота. Свыкаясь с жизнию полей, привыкаешь мало-помалу отдавать все помыслы свои па волю провидения. Существование, порученное таким образом в исключительное распоряжение промысла, привычка покоряться постоянно его воле дают здесь, мне кажется, то душевное спокойствие, которое так напрасно ищешь в общественной жизни и городе, где все, более или менее, зависит от нас же самих или таких же, как мы, смертных. Жизнь течет здесь ровно, покойно. Когда живешь сознательно и честно, не знаешь, что значит "убивать время". День проходит незаметно.

Глазам не веришь, когда, подняв голову, видишь, что солнце давно обогнуло половину неба.

XII

Сильно также действует на душу ближайшее знакомство с бытом простого народа.

До сих пор, сколько я ни замечал, мне казалось всегда, что образованный класс общества всегда сочувствовал этому быту. Жизнь народа, была ли она изображена в книге или на полотне, всегда трогала и привлекала человека. Популярность таких художников, как, например, Леопольд Робер, успех многих сочинений, как древних, так и современных, только и объясняются этим тайным сочувствием к народу, к сельской жизни и всей наивной ее обстановке. Как, однако ж, после этого растолковать себе испуг, который все решительно обнаруживают при столкновении с самой действительностью?... Виновата ли эта действительность, если праздность, городская скука и неведение сельского быта внушают нам мечтания о каком-то небывалом, часто совершенно идиллическом мире?... Настроенные таким образом, мы, конечно, не находим в деревне того, чего искали. Разочарование ждет нас уже у самой околицы...

Сельская жизнь приучает смотреть на тот же предмет здраво, без преувеличения. Взгляд этот скоро примиряет с народом. Грубая его сторона находит свое оправдание в непросвещении и общих свойствах человеческой природы; она за ним и останется. Но зато какие сокровища добра и поэзии открывает другая сторона того же народа! Кого не удивит и вместе с тем не тронет слепая вера в провидение - этот конечный смысл всех философий, этот последний результат мудрствований и напряжений человеческого разума? Кого не тронут эти простодушно детские мысли и вместе с тем этот простой, здравый смысл, не стремящийся напрасно разгадывать тайны природы... нет! но принимающий дары ее с чувством робким, но радостным и исполненным величайшей благодарности? Кто не умилится душою при виде этого всегдашнего, ежедневного труда, начатого крестным знамением и совершаемого терпеливо, безропотно?

Когда откроется перед вами картина широкого простора и на ней живой пример тяжкого труда и простой, первобытной жизни, все ваши идиллии, плод праздной фантазии, покажутся вам мелкими до ничтожества! Присмотритесь, и вы увидите, что поэзия действительности несравненно выше той, которую может создать самое пылкое воображение!...

XIII

Прогулка

Наступало время, когда, после долгой зимы, поселянин снова выезжает в поле; когда, приладив соху в сошник, праздно лежавший столько времени и успевший покрыться ржавчиной, пахарь делает его чище серебра, взрывая согретую солнцем землю. Наступало время первой пахоты и первого посева. Я отправился в поле.

Вечер был чудесный, - такой же почти, как когда я, несколько дней тому назад, подъезжал к дому. Круглые облака опалового цвета, с белыми сверкающими краями, как бы выкованными из светлой жести, почти недвижно стояли в небе, открывая глубокие темно-голубые просветы. Окрестность наполнялась радостным сиянием. Листья окончательно распустились, и зелень блистала повсюду; у опушек рощ часто попадались фиалки и ландыши; бледно-розовые и белые колокольчики повилики, которая, с первым дуновением весеннего ветра, быстро переплетает старое жнивье, начинали пестрить поля и разливали в недвижном воздухе тонкий миндальный запах. Солнце, несмотря на первые дни мая и пятый час вечера, пекло, как в июле. Но меня не пугали ни жар, ни дальность расстояния (поля, куда я направлялся, считаются у нас самыми отдаленными от жилья). Следовало пройти холм и рощу, которые отделяют меня от деревни, миновать самую деревню и перейти речку. После моста дорога пошла тотчас же в гору. Волнистые скаты горы, то круглые и поросшие кустарником, то спускающиеся мягкими склонами и покрытые местами березовыми и сосновыми лесочками, составляют правый бок зеленеющей живописной долины: на дне ее полукруглыми извилинами блестит речка. Вершины этих скатов позволяют обозревать всю окрестность; но прежде чем достигнешь такой высоты, приходится очень долго подыматься.

Я почувствовал наконец, что дорога стала как бы опускаться; вместе с этим воздух сделался подвижнее. Окрестность открылась как на ладони; деревня казалась подле самого моста; дом, холм и березовая рощица казались примыкавшими теперь к деревне. Все это: и дом, и сад, и деревня - принимало теперь вид тех игрушек, где стебли мху изображают деревья, кусочки зеркала - речку. Овцы, рассыпанные по лугу, на дне долины, мелькали, как белые крапины, которые то сверкали на солнце, то исчезали посреди длинных голубых теней, бросаемых облаками. Поля занимали всю вершину горы; она была срезана как ножом и представляла версты на две гладкую, как стол, поверхность. Горизонт замыкался только небом и, слева, опушками рощ, которые спускались в долину; облака на дальнем горизонте выходили как будто из земли.

По мере того, как я подвигался вперед, ветер делался заметнее. Иногда меня обдавало теплом, как из жерла раскаленной печки, и вместе с этим сильнее приносился тучный запах земли, которым так легко, однако ж, дышится. Крики "возле, возле!" - которыми пахари понукают лошадь, заставляя ее в то же время идти подле соседней борозды, доходили явственнее. Вскоре передо мной совсем открылось поле, облитое солнцем и оживленное пахарями, лошадьми, подводами, глухим жужжаньем насекомых и жаворонками, которые неумолкаемо заливались в небе.

XIV

Дорога вела в самую середину полей; на всем протяжении они перерезывались ровными десятинами. Пересохшие растения и корни, выхваченные зубьями сохи, местами покрывали межи; местами межи резко отделялись зеленью молоденькой травки от коричневой, только что вспаханной почвы, исполосованной свежими бороздами. Земляные испарения струились и переливались в воздухе, сообщая особенную, какую-то золотистую мягкость всем предметам, жарко облитым солнцем.

На углу почти каждой нивы стояла распряженная телега с овсом. В стороне, немного поодаль, виднелись пахари. Впереди всех шел всегда сеятель. То был большею частию человек преклонный, отец или дед. К концам веревки, перекинутой через плечо сеятеля, прикреплялось решето или кузов, наполненный зерном: выступая покойным, сдержанным шагом вперед, старик то и дело опускал руку в кузов, простирал ее потом по воздуху и разом выпускал зерна, которые рассыпались всегда ровным полукругом. Постепенно удаляясь и исчезая в солнечном сиянии, сеятель уступал дорогу сыну или внуку, который управлял сохою и закрывал землею разбросанные зерна. За ним, звеня и подпрыгивая, тащилась борона с прицепившимися к ее зубьям комками косматых трав и корней. Лошадью правил обыкновенно мальчик. Иногда лошадь, если только она была старая, привычная к работе кобылка, шла сама собою: покорно следуя за хозяином, она изредка позволяла себе замедлять шаг, чтобы не смять жеребенка, который в нетерпении своем вытягивал шею под оглоблю и принимался сосать ее изо всей мочи.

Но этим еще не оканчивалось шествие: за каждой бороной летела в беспорядке стая галок, грачей, сизых и белых голубей. Они, казалось, совсем свыклись с людьми и лошадьми: то жадно припадая к земле, то взлетая на воздух, чтобы подраться за червячка, птицы следовали все время за бороною, нимало не пугаясь крика и свиста пахарей. Все поле усеяно было птицами.

XV

Несмотря, однако ж, на крик и свист пахарей, несмотря на звонкие голоса птиц и шумные их драки, несмотря на движение людей и лошадей, которые сновали взад и вперед по десятинам, - несмотря на щебетание мелких птичек, жужжание насекомых, фырканье лошадей, ржание жеребенка и пение жаворонка, этого дарового музыканта пахаря, несмотря на все это оживление и странное разнообразие голосов и звуков, все представлялось одним гармоническим целым. Широкий простор полей смягчал и сглаживал все звуки. Вся эта деятельная картина посева принимала вид чего-то мирного, какой-то кроткой радости и покоя!

Переходя от одной нивы к другой, я незаметно приблизился к опушке последней рощи. Тут оканчивалось поле. Последняя десятина склонилась даже несколько по скату, смотревшему на запад и на долину; защищенная от солнца рощею, которая обступала ее полукругом, она наполовину уже покрылась зубчатою тенью. Издали я увидел на ней одинокого пахаря; он работал совершенно один: сам сеял, сам боронил, сам управлялся с сохою. Я удивился еще больше, когда подошел ближе. Пахарь принадлежал к довольно многочисленному семейству. Особенно странным казалось мне, что с ним не было его отца. Первый весенний сев пользуется в простонародье особым почетом: им преимущественно управляют старики. Прошлый еще год я видел старика на этой самой ниве и в это самое время. Одиночество молодого парня было для меня необъяснимо: вся семья его слыла в околотке одною из самых заботливых, деятельных в полевых работах. Я оставил межу, пошел полем и через несколько минут был подле пахаря.

XVI

Его звали Савельем. Это был парень еще молодой, лет тридцати, высокий, смуглый, с правильным, продолговатым лицом и кудрявыми русыми волосами. На вид он не казался очень плотным; но расстегнутый ворот его белой рубахи выказывал широкую, крепкую грудь, уже тронутую загаром на том месте, где застегивался ворот; плечи его и мускулы рук богатырски круглились, выпучивая складки рубашки; через плечо его висел на веревке большой кузов, полный зерна, но он держал его с таким видом, как будто не знал, что такое тяжесть. Коричневые глаза его глядели спокойно, но прямо, откровенно. Солнце садилось за спиною пахаря, и вся фигура его, окаймленная золотыми очертаниями, красиво рисовалась перед рощей, потопленной голубоватою тенью. Я подошел к нему в ту минуту, как он забросил вожжи на спину лошади и готовился сеять.

- Что ж это старика-то не видно? где он? - спросил я.

- Старик дома, лежит, - возразил пахарь, делая шаг вперед.

- Что ж так?

- Все хворает, - сказал он.

Я осведомился, почему, наконец, брат не выехал в поле, но получил в ответ, что брат остался с больным отцом.

- Ему с самой весны все что-то нездоровится, - подхватил Савелий, - а в эти три дня наш старик совсем слег... Очень опасаемся: все думается, не встать ему; человек древний... долго ли? Вот уж третий день не ест, не пьет, слова не выговорит, все лежит, только что вот вздохнет иной раз. Господь знает что такое! - заключил он, отводя рукою кузов с зерном и потупляя голову.

Мне тотчас же представилось, что старика ударил паралич: старик был деятелен не по летам; с приходом весны деятельная природа его должна была, разумеется, воскреснуть. Вероятно, по обыкновению своему, он слишком горячо припал к работе; спеша уладить разом многочисленные дела, которые падают весною на простолюдина, он надорвал стариковские свои жилы: к этому, вероятно, примешалась также и кровь, разогретая усиленным трудом, а также и весенним временем, она вдруг расходилась и сковала параличом его ослабевшие члены. Я начал подробно расспрашивать сына обо всем случившемся.

XV

- Недели две назад, - начал было Савелий, но остановился, сделал несколько шагов вперед и принялся хлопать в ладоши, чтобы отогнать стаю птиц, которая расположилась в телеге и взапуски клевала зерно, - недели две будет, - подхватил он, возвращаясь назад, - мы ничего такого не чаяли, как словно даже лучше стало, отлегло, стал поправляться... весне, что ли, очень уж обрадовался, господь знает!... Первый-то день, как встал, до самого до обеда ходил все по полю, смотрел озими; только на поясницу очень жаловался: "Поясница, говорит, добре оченно одолела". Вечером прихожу я к нему на гумно, он и говорит мне: "Вот, говорит, Савелий, весна на дворе... - говорит так-то, а сам все кругом осматривается. - Весна, говорит, на дворе, наши пахать едут". Стал он тут на силу на свою жаловаться: "Сила, говорит, обманула меня... Знать уж, говорит, не придется мне нонче и попахать с вами..." - "Полно, говорю, батюшка! что напредки загадывать, бог милостив!" - "Нет, говорит, не пахать мне нонче с вами... сердце мое чует!" Подошел после того к соломе, маленечко по стоял, лег на нее, да вдруг как заплачет! индо жаль стало!... Никогда с ним этого не было. Так, почитай пролежал до самого до вечера; насилу уговорили в избу пойти. На другой день опять как будто стало легче, опять в поле ушел...

- Как же вы его не удержали? - перебил я.

- Кто его удержит! хлопотлив очень, заботлив! такой-то завистливый в работе, другого такого не найдешь! Мы и то говорили ему, и матушка говорила - ничего не слушает. Пришел это он домой, суетится, хлопочет, сам до всего доходит, борону чинить зачал; а уж куды: у самого руки-то так и дрожат; ходит по всему двору, по всем углам... точно взаправду чуяло его сердце, словно со всем домом ходит прощается... даже мы с братом подивились... Нет, видно, уж не встать ему!... - добавил Савелий после минутного молчания.

Я спросил о том, что произошло три дня тому назад.

- И бог знает, как сказать, что такое! - произнес Савелий, заботливо тряхнув головою, - пошел он к лошадям корму засыпать. Он ведь у нас до лошадей-то охотник: никто и не подходи окромя его! Стали это я да брат его уговаривать; видим, чуть на ногах держится, и матушка к нам пристала. Опять не послушал: "Ничего, говорит, авось, как промнусь, легче будет!..." Ничего ведь с ним не сделаешь!... Вот матушка и говорит нам, мне да брату: "Что-то, говорит, долго старик нейдет; поглядите-ка сходите, где он..." Пошли мы с братом; глянули под навес, а он там и лежит. Стали спрашивать: слова не добьешься, лежит словно мертвый; так без языка домой и принесли. С тех самых пор не вставал, трое суток без языка лежит!...

- Надо было тотчас же кровь пустить, как же вы не подумали об этом? - воскликнул я, нимало не сомневаясь, что старик остался бы жив, если бы приняты были своевременно меры.

- Брат и то два раза ездил, - сказал Савелий, - два раза кровь отворяли - не пошла только! должно быть, сильно уж она в нем запечаталась! Так уж, знать, господь уставил, что помереть ему надо! уж, видно, не топтать ему травы! - заключил он спокойным, но таким грустным голосом, что у меня екнуло на сердце.

С последними словами Савелий приложил ладонь к глазам в виде зонтика и пристально посмотрел в поле. Так как в последнее время слова его часто сопровождались этим движением, я невольно взглянул в ту сторону. На дороге, которая вилась по полю, я увидел бабу. Она быстро подвигалась вперед, иногда даже принимались бежать; она махала руками и направлялась прямо к опушке рощи.

Савелий между тем поставил наземь короб с зерном. Он не отымал ладони от глаз. По мере того, как баба приближалась, я заметил, что в чертах пахаря проступало беспокойство, брови его судорожно изгибались, ноздри вздрагивали; весь он превращался, казалось, в зрение. Немного погодя я мог различать черты приближавшейся женщины; это была жена Савелья.

XVIII

Она остановилась еще раз, чтобы перевести дух, и пустилась бежать быстрее прежнего,

- Савелий! Савелий! домой ступай! скорее ступай домой! - крикнула она, когда была еще на дороге.

Лицо ее было красно и выражало все признаки сильнейшего замешательства; крупные капли пота текли по разгоревшимся щекам вместе с слезами, которыми вымочены были ее глаза и ресницы; беспорядок в ее чертах и одежде показывал беспорядок и смущение чувств.

- Что случилось? - спросили мы.

- Батюшка отходит!... ступай прощаться!... - проговорила она, прижимая руки к груди и едва переводя одышку.

Я взглянул на Савелья. Он стоял с понурою головою и тяжело опущенными руками; с минуту стоял он, как громом пораженный. Можно было думать, что. говоря со мною за несколько минут о смерти родителя, он не верил в душе, чтобы она пришла так скоро... Нет такого очевидного горя, в котором человек не старался бы обмануть себя и не подкреплял бы себя надеждой. В простонародье существует даже поверье, что лучшее средство избавиться от несчастья заключается в том, что надо говорить о нем, как о предмете верном, несомненном. Меня поражало, однако ж, в пахаре его внешнее спокойствие: лицо его было скорее грустно-задумчиво, чем взволновано; только вздрагивающие веки и ноздри изменяли ему. Жена его между тем заламывала руки, била себя кулаком в грудь и разливалась-плакала.

- Ступай же скорей... совсем уж отходит... простись поди... чего ты стоишь? - говорила она, дергая его за рукав. - все наши в избе давно... за дядей Карпом поехали... пойдем скорей... я подсоблю с лошадьми управиться! - заключила она, поспешно направляясь к лошадям, щипавшим траву на меже.

Савелий несколько секунд оставался недвижим; наконец он медленно, как бы стараясь привести себя в память, провел ладонью по волосам, тяжко вздохнул, перекрестился и пошел за женою.

В движениях его, когда он припрягал лошадь в подводу, не было заметно малейшей суетливости: он не забыл ни одного ремешка, ни одной мелочи, хотя мысли его, очевидно, были далеки от дела. Он точно не видел и не слышал жены: во все время он слова ей не сказал, даром что она не переставала тормошить его, суетилась без толку, плакала и говорила без умолку, вычисляя, в скорбных выражениях, добродетели умирающего. Наконец воз был увязан, лошади взнузданы, соха перекинута сошником кверху, и они оставили ниву. Я пошел за ними.

Поля начинали покрываться красноватым блеском: одни межи ярко освещались солнцем, глядевшим между рощами, и тени от рощ захватывали иногда целые участки. Поля пустели. Кой-где на отдаленной пашне золотилось облако пыли, и из него выглядывала лошадь с сидевшим на ней пахарем, который возвращался с работы. Птицы несметными стаями кружились высоко в небе; но отставая постепенно друг от дружки, они опускались в рощи. Тени между тем быстрее бежали вперед, и вместе с тем с каждою минутой умолкала шумная деятельность поля.

XIX

Пахарь

Я знал отца Савелия еще в детстве. Но не одни воспоминания прошлого привязывали меня к нему и заставляли сожалеть о нем: можно сказать без преувеличения, что вместе с ним весь околоток лишался одного из самых почтенных, самых достойных стариков своих.

Иван Анисимыч, или просто Анисимыч (так звали старика), принадлежал к числу тех трудолюбивых, деловых пахарей старого века, которые, к величайшему сожалению, переводятся год от году. Особенно редко теперь встречаются в наших местах. По мере того как развивался у нас фабричный промысел, возделывание полей приходило в упадок; челнок, красная рубаха и гармония заметно сменяли соху, балалайку и лапти; вместе с тем заметно также исчезал тип настоящего, коренного, первобытного пахаря. В последние дни один Анисимыч исключительно, можно сказать, жил своим полем. Его не сокрушали даже неурожайные годы. Он продолжал пахать, боронить и сеять даже в то время, когда фабрики стали приносить очевидные выгоды против пашни. Но не упрямство управляло им, не закоснелая привычка к старому прадедовскому ремеслу; не управляли им также расчет и тонкая сметливость: старик нимало не соображал о том, что не век же продлятся неурожайные годы, не век же миткалю будет цена высокая! В уме его было меньше, может быть, хитрости и пронырства, чем у любого тридцатилетнего фабричного щеголя. Наконец, мне сказывали, он считал даже грешным делом вперед загадывать: "что будет, то все в руце господа; словесами либо думой тут не поможешь", говорил он. Старик не расставался с полями потому только, кажется, что свыкся с ними и шибко к ним привязался. Мудреного нет: он начал привыкать к ним еще в то время, когда покойная мать, отправляясь на жниво, носила его туда в люльке. А это было очень давно: Анисимыч доживал уже теперь восьмой десяток.

XX

С мыслию о смерти пахаря вся простая жизнь его, исполненная безропотного, неусыпного труда и детского простодушия, ясно представилась моему воображению; даже мелкие черты характера и ничтожные эпизоды его скромного существования, которые давным-давно были мною забыты, стали выясняться, как бы для того, чтобы в минуту смерти оставить о нем еще больше сожаления.

Меня особенно поражали в нем всегда необычайная кротость нрава, чистота помыслов и благочестие. Единственная вещь, быть может, которой не любил он, было миткалевое производство; но никогда, однако ж, не относился он с насмешкой, злобой или пренебрежением, когда речь заходила об этом предмете. Он, помнится, покручивал только седою головою и говорил: "Худое ремесло то, когда ничего не делаешь! Коли человек кормится фабриками, стало, и в них прок есть. Не хороша только жизнь фабричная - вот что похвалить нельзя; не хороши эти гулянки, да кабаки, да пищалки эти (так называл он гармонии). Что денег-то дают хозяева, - присовокуплял он обыкновенно, - за этим гнаться нечего: деньги только в соблазн вводят. Нашему брату денег не надобно; был бы хлеб святой. Есть хлеб, ни в чем, значит, недостатка не будет, потому хлеб всем надобен, всякому то есть человеку; на что хочешь можно променять его!... По-моему, пахота самое, выходит, первое дело! - заключал всегда старик, редко пропускавший случай поговорить о ремесле своем, когда был в духе, и стараясь при этом выставлять все его выгоды. - Да! пахота всякому ремеслу голова! Какое ни есть рукомесло, уж это все, значит, живешь при нем, как словно не в удовольствии: фабриканту ли какому или хозяину работаешь, им, примерно, и отвечать должон. Люди-то неравны - вот что! И хорошо сделаешь, всеми силами стараешься, да не угодишь; ну, сердце-то и кипит в тебе, все не в удовольствии... Ну, а с пахотой этого не бывает: сам себе работаешь, сам себе и отвечаешь: старался - значит, тебе же хорошо; поленился, не родилось ничего - сам, выходит, на себя и пеняй!... И живешь покойнее, потому, выходит, серчать не на кого: весь ты, как есть, во власти господней!"

Анисимыч доказывал на деле, как мало имел пристрастия к денежному барышу. Когда заводился лишний грош, он спешил принанять лишней земли, употреблял его на покупку какой-нибудь снасти или на поправку домашней, хозяйственной принадлежности. Во всем околотке дети, моложе даже восьми лет, занимались размоткою бумаги и доставали этой работой "на соль", как выражались отцы их. Анисимыч слышать не хотел об этом. Ребятишки его пользовались полной свободой бегать по полям и рощам. На четырнадцатом году, однако ж, старший брат Савелья ловко уже управлял сохою и никогда не портил борозды.

XXI

И не расстраивался как-то Анисимыч, несмотря на неурожайные годы, несмотря на добровольное лишение выгод, которые могли доставить ему фабрики. Соблюдая строгий хозяйственный порядок, живя просто, неприхотливо, он ни в чем никогда не нуждался; он находил даже способ быть запасливым. Часто даже доводилось зажиточным крестьянам занимать у него муку и зёрна на посев. В этих случаях, надо заметить, старик оказывался всегда очень "крепким". Человек беспутный, не" трезвый, не выманил бы у него куска льду зимою. Он не давал взаймы без разбора; но когда случалось ссужать соседа, то делал это, никогда не требуя вознаграждения. Благодаря промышленному состоянию края, в редкой деревне не сыщешь своего рода ростовщика. Мужик, застигнутый врасплох нуждою, берет у него овес, соль и деньги, с тем чтобы, по истечении условного срока, отдать в полтора раза больше. У нас, следовательно, простолюдин знаком очень хорошо с процентами. Старому пахарю часто предлагали отдать долг с залишком, лишь бы только смягчить его: он всегда отказывался. Ему выставляли на вид, что если б он брал лишки с должников, то в скором бы времени обогатился; но такие речи встречали всякий раз в пахаре самое полное равнодушие: он слушал их, как будто они вовсе не к нему относились. Ответ его был постоянно один и тот же:

- Я денег не даю, - говорил он, - денег у меня нет; я хлеб даю... коли есть; хлеб - дар божий!... Господь с нас процентов не берет, стало, и нам грех, не приходится... Хлеб - дело святое - не то что деньги; деньги от человека! он их выдумал, он их и делает...

Анисимыч слыл мастаком во всяком хозяйственном деле. Знание его, соединенное с услужливостью и необыкновенною терпимостью нрава, было причиной, что часто также прибегали к нему с просьбами другого рода. К нему ходили за советом. Встречалась ли соседу надобность купить корову и лошадь, Анисимыч должен был прежде осмотреть животное: приговор старика решал тотчас же дело. Требовалось соорудить новую снасть, купить топливо на зиму или лесу на избу, опять обращались к его опытности. Во всем, что касалось полевых работ, Анисимыча слушали, как оракула. Глядя на то, что он делал, делали и другие: он выезжал сеять - вся вотчина сеяла, он не косил - никто не брал косы, хотя бы даже минули Петровки.

- Анисимыч рассаду сажать выехал: стало, время! - говорили бабы.

XXII

И точно: лучше старика никто не мог знать о времени жнитва и посева, о свойствах земли и зерен. Более шестидесяти лет прожил он в полях; постепенно, год за год, сроднялся он теснее с почвой. В этом сродстве его с полями было что-то трогательное. Эти три-четыре нивы, которые пахали его отец, дед и прадед, обусловливали всю его жизнь: от них зависело благосостояние детей его и целого семейства; он возлагал на них все свои надежды и всегда с жаркою молитвой поручал их богу. Сколько забот и попечений они ему стоили, сколько тревог и радостей принесли они ему, сколько пота пролил он на них в эти шестьдесят лет своей трудовой жизни!

Но и они как будто понимали его; между ними установилось как словно тайное сочувствие. "Эх! - скажет, бывало, старик, оглядывая летом свое поле, - вот этот осминничек как славно обманул меня! Мало ли положил я в тебя зерен, - не жалел, кажется! и вспахал лучше быть нельзя!

А колос-то жиденький, соломка тощая!..." Обманул ты меня..." Проходит лето, жатва скошена, уж журавли летят в теплые стороны. Анисимыч снова в поле, снова идет к осиннику, который не оправдал его надежды. Старик крестится, с удвоенным старанием бороздит его вдоль и поперек, раза два лишних боронит и вспахивает, прилаживает лишний камень на борону. "Ну, теперь ладно, надо быть; не надо бы, кажется, теперь обманывать! - скажет он, обтирая рукавом крупные капли пота, - так запахано, комушка нет! как пух землица! Славная будет постелька для зернышка!..." И в самом деле на другое лето старик не натешится, глядя на свой осинник, покрытый из края в край частым, высоким стеблем, который плавно колышется на ветре, шумя тяжелыми гроздьями золотого овса. Эти три-четыре нивы были для него целым миром, в котором жил он всеми своими помыслами, всею душою. Мысли его редко переносились за предел зеленеющих межей, окружавших его поле.

XXIII

Но и в этом тесном горизонте научился он многому. Премудрость божия не так же ли бесконечно поразительна в стебле травы, как и в громадных явлениях природы! Довольно было старому пахарю прожить свой век под этим узеньким клочком неба, между этими бедными холмами и рощами, чтобы приобрести опыт и значение, которые составляют мудрость сельского жителя. Не этот ли опыт и значение помогали старику поддерживать благосостояние семьи и тех окружающих, которые хотели слушать его советов?

- А что, Анисимыч, не пора ли овес сеять? - вымолвит сосед, выходя весною за ворота, чтобы погреться на солнце. - Вишь, теплынь какая стала, даже пар от земли пошел!

- Нет, погоди, - скажет старый пахарь, - ходил я нонче в поле, глядел: лист что-то мал на дубках, не совсем еще развернулся, ждать надо холоду, стало быть, может статься, еще будет и сиверка: овес этого не любит! Сей его, как лист дубовый развернется в заячье ухо: тогда и сей, потому, значит, земля тогда готова, за свой род принялась.

У него на все были свои приметы. Они, надо полагать, постоянно оправдывались в продолжение целых шестидесяти лет: он слепо им верил! Раз, помнится мне, всю весну лили беспрерывно дожди; земля в полях размокла, как кисель; кругом стали опасаться за корень ярового хлеба. Не унывал один Анисимыч. А между тем ему более, чем всякому, следовало бы тревожиться: поле составляло все его богатство; но он оставался покойным: он утвердительно говорил, что лето будет вёдреное и все высушит, все поправит. Другого объяснения не было, как то, что в день апостола Якова (30 апреля) солнце взошло в ясном, безоблачном небе, и весь день не видно было ни одной тучки. Старик присоединял к этому еще другую примету: он наблюдал вскрытие реки; река вскрылась рано и дружно, а, по словам его, это служило несомненным знаком благополучного лета. Предсказание его оправдалось как нельзя лучше. Основываясь на приметах, он почти всегда верно угадывал о злой и счастливой судьбе, которая ожидала поселянина в поле. Помня день, когда начал завязываться первый колос, он безошибочно высчитывал день в день все периоды произрастания хлеба и всегда верно определял срок жатвы.

- Что ты, Анисимыч, на луг-то уставился? - шутливо замечал сосед. - Лошадей, что ли, высматриваешь?

- Нет, на гусей гляжу.

- А что?

- Да все что-то на одну ногу становятся: надо быть, скоро снежок выпадет!... Вон также и журавли: вишь, как низко летят. По всему сдается, рано нонче зима станет.

Иной раз радостно ожидал он дружную, теплую весну. "Был я нонче в поле, - говорил он, ни одного грача не видно; а уж давно прилетели! Прямо, значит, на гнезда на свои сели: тепло, значит, чуют, торопятся детей выводить". Стоит иной раз засуха, вся деревня нос повесила; Анисимыч ходит, бывало, всех ободряет. Полагаясь на какую-нибудь примету, он весело поглядывает на нивы, палимые солнцем. "О чем вы? - скажет, бывало, - и дождик, и ветры, и солнце, - все это в руце божией. Он знает, что делает, у него все сосчитано, все дни и весь год уравнен: не пропадет зря ни единой капельки во весь год, не колыхнет ветер стебля, коли не ко времени. Он знает лучше, что надобно..." В истинно скорбное время, когда солнце спалило хлеб, или град скосил дотла дозревающую рожь, он никогда не отчаивался, никогда не падал духом: им овладевало тогда какое-то сосредоточенное, задумчивое спокойствие. "Тут ничем не поможешь, - были всегдашние слова его, - надо бога просить, чтобы на будущее время помиловал..." И снова принимался он с прежней доверенностью делать свои наблюдения.

Одним словом, приметы эти наполняли жизнь его, они управляли каждым его действием: не брался он ни за какое дело, не посоветовавшись сначала с знамениями, которые природа, как нежная мать, заботливо рассыпает по лицу своему в назидание человеку, отдавшему ей свое существование. Не голос ли это божий слышится нам в этих знамениях?

не потому ли и жизнь старого пахаря протекала так беззаботно и мирно, что так покорно слушался он этого таинственного голоса?...

XXIV

Нет, как бы сильно ни чувствовали мы природу, она никогда не может говорить нам столько, сколько скажет пахарю. Так уж судьба поставила нас, что между природою и нами нет и быть не может близкой, родственной связи. Мы только мимоходом восхищаемся ее красотами или вдаемся по поводу ее явлений в сухие теории и сухие исследования: в обоих случаях не является ли она перед нами книгой, в которой мы любуемся картинками но не разбираем текста?

Простолюдина мало трогают красоты ее: он не размышляет, как мы, о ее таинствах (размышлять, судить о чем-нибудь, не значит ли отрешать уже себя некоторым образом от обсуждаемого предмета, считать себя если не выше его, то хотя исключением?). Пахарь сродняется с природой от колыбели; он покоряется без размышления ее законам, он живет ее жизнью; его судьба, радости и горести - все в руках ее. И природа, как будто сознавая детское бессилие пахаря и тронутая его зависимостью, постепенно бросает к ногам своим таинственные свои покровы; она открывает ему грудь свою и знакомит его с собою. Величаво-молчаливая с нами, гордыми мира сего, она говорит пахарю и распускающимся листом, и восходом солнца, говорит ему мерцанием звезд, течением ветра, полетом птиц и тысячею-тысячею других голосов, которые для нас, гордых мира сего, останутся навсегда языком непонятным.

Тому, кого занимали только расчеты по поводу сельского хозяйства и сельской жизни, тому никогда не понять поэзии, которая заключена в этом родстве пахаря с землей и природой. Есть вещи, светлая сторона которых открывается только сердцу. Если находятся люди, которые чувствуют эту поэзию, стало быть, она существует; но почему не предположить, что душе пахаря сознательно доступна хоть одна сторона ее? Человек, который не может ни дать отчета в своих впечатлениях, ни выразить их словами, конечно, кажется беднее одаренным того, кто обладает такими способностями; по следует ли заключать, что он ничего не чувствует? Почему знать, о чем думает пахарь, когда, выйдя в поле на заре ясного весеннего утра, оглядывает он свои нивы? Неужели улыбка на лице его и радость на сердце служат только выражением грубого чувства и уверенности в будущем барыше и выгодах? Отчего же, глядя на нивы свои, не может он припоминать и осенний вечер, в который засевал их, и теплую молитву, с которой поручал их тогда богу, и семейную радость, когда омыло их первым дождиком, и не стократ счастливые дни, когда увидел он, что эти голые поля, поднятые его рукою, начинали покрываться частою, сочною зеленью?... Что же такое поэзия, если не живое представление мирных минувших радостен?...

XXV

Анисимыч никогда не был ни старостой, ни даже сотским; он, как особенной милости, просил всегда, чтоб избавили его от всякой почетной должности. При всем том его почитали и слушали больше даже, чем начальников, которые избирались миром.

В деревенском быту, несмотря на внешние грубые формы, нравственные качества так же хорошо взвешиваются, как и в образованном сословии; влияние нравственной личности так же здесь заметно и сильно, как и там. Здесь точно так же взвешены права на уважение каждого лица и семейства. В каждом углу рассчитывают поступки каждого, разбирают, кто с кем в родстве, почему лучше отдать дочь замуж в такой-то дом пли взять такую-то для сына, и все это не в одном денежном смысле. Общественное мнение господствует над всеми и управляет поступками каждого более, чем думают.

Не было примера, чтобы мирская сходка обходилась без Анисимыча. А между тем он стоял в каком-то исключительном положении, как пахарь в фабричной деревне, не был ни особенно богат, ни силен, ни криклив; но его слушали, и совет его служил всегда последним, решительным приговором. То же самое было во всех крайних, запутанных делах и даже в семейных распрях: что скажет, бывало, старик, то и свято. Мне ясно представляется теперь один случай.

Делились два брата. Всякий, кто жил в деревне, знает, с какими трудностями сопряжены дележи такого рода. Как разделить, например, одну избу между двумя человеками? Не разрубить же ее пополам, в самом деле! Как уравнять ценность лошади с несколькими овцами или ценность хозяйственных орудий с домашнею утварью? Дележ между братьями не подвигался к концу, несмотря на деятельное участие мира и конторы. "Позвать разве Анисимыча: что он скажет!" - заметил кто-то. Братья и все присутствующие выразили согласие. Послали за стариком, и немного погодя он явился. Сначала он долго отговаривался, говорил, что, что бы ни сказал он, один из братьев все-таки останется не в удовольствии, и проч.; но к нему приступили решительнее и потребовали ответа. "Ну, во имя отца и сына и святого духа!" - сказал он тогда, набожно осеняя себя крестным знамением. (Он объяснил потом движение это тем, что "просил господа помочь ему судить по-божески, по-справедливому, а не по-человеческому"). Затем он решил спор таким образом: все хозяйство и весь скот следовало разделить пополам, как "приобретенное"; но хлеб - дар божий! бог печется о каждом человеке и посылает хлеба каждому сколько нужно; хлеб надо делить, следовательно, по душам; у одного брата три души, у другого восемь: так последнему больше надо.

Так и сделали.

XXVI

В жизни пахаря, которая протекала так же спокойно и тихо, как песок стеклянных часов, было, однако ж, одно сильное потрясение. На семью его пала рекрутская очередь. Его не предупредили в этом, слова не сказали: думали сделать лучше. Но раз ночью пришли к нему в избу и захватили одного из сыновей его, первого, который попался. (Говоря потом об этом, он сказывал, что сердце его в эту минуту сделалось вдруг тяжелым, как пуд, и словно окаменело.) Но случай этот его поразил так сильно только по своей неожиданности. Придя в себя, старик побежал в контору и просил, чтобы ему самому предоставили выбор детей. На другой день он отвез всех трех сыновей в город.

До сих пор еще многим лицам, присутствовавшим на ставке, памятна сцена, когда после произнесения очередного имени в дверях присутствия явился вдруг седой, шестидесятилетний старик. "Ваше благородие! - сказал он, обращаясь ко всем членам присутствия, - очередь за моею семьею. У меня три сына... пытался - не могу выбрать: все равно дороги!... Соблаговолите позвать всех трех... выбирайте уж лучше сами!..." В комнату вошли три парня, один краше другого. Двое стали по правую руку отца, один по левую. Старик обнял поочередно всех трех и произнес, положив им сперва руку на голову: "Все милы!., все дороги!., все хороши!..." Тут дыхание как бы стеснилось в груди его; он остановился, покачал головою, тяжко вздохнул и вдруг залился слезами. Присутствующие, тронутые его положением, стали его успокаивать. Он попросил позволения кинуть жребий. Вынув из кошелька три медные гроша, он подал их детям, внимательно потом осмотрел каждый грош, положил на каждом знак зубами и велел бросить их в шапку.

"Вам, ваше благородие, - сказал он, обратясь опять ко всем, - вам, я вижу... вы о них также жалеете... прикажите уж лучше позвать какого ни на есть человека... который не видал меня с ними... Пускай уж лучше он жребий вынет..." Позвали солдата... Старик сказал ему: "Как вынешь жеребий, никому не показывай... мне отдай..." Жеребий вынут. Старик взял грош у солдата, отошел к окну, взглянул на него, дрогнул, но тотчас же оправился, перекрестился и возвратился к детям. "Вася, - вымолвил он, обратись к младшему, - Вася... голубчик мой! подойди ко мае..." - Он снова положил ему руку на голову, с минуту глядел на него молча и наконец произнес: "Ты был... да, был ты мне хорошим сыном... завсегда хорош был... будь же хорошим солдатом царю нашему..." Он обнял его, благословил и, закрыв ладонью лицо, пошел к двери, плача каким-то детским плачем.

XXVII

Кончина

Припоминая прошлое и стараясь представить себе как можно яснее почтенную личность старого пахаря, я незаметно миновал поле. Я даже удивился, когда увидел себя вместе с Савельем и его женою на скате горы, откуда открывались деревни и окрестность.

Солнце приближалось уже к горизонту. Долина наполнялась тенью; там только, где местность в долине несколько подымалась или где возвышалась роща, выступали яркие пятна света, которые казались тем ослепительнее, что их окружал голубоватый сумрак. Верхушки одиноких дерев, разбросанных кое-где по долине, принимали издали вид золотых островков, плавающих в синем море. Посреди пестрой смеси света и тени особенно сильно освещалась улица; лучи солнца прямо били на один бок ее, превращая в огонь окна избушек: в каждой избе топилась как будто печь или пылал костер. Я уже сказал, что с этого ската деревня виднелась как на ладони. Я заметил с первого взгляда, что там происходило необыкновенное оживление: черные точки поминутно перебегали на улицу; длинные тени, бегавшие заодно с людьми, обманчиво усиливали движение. - Скорей... скорей!... - вымолвила жена Савелья, не отрывая глаз от деревни.

116

Она хотела еще что-то прибавить, но выразительно указала вперед рукою и побежала к мосту. Савелий не замечал ни движения жены, ни ее голоса, ни того даже, кажется, что она нас оставила. Голова его была по-прежнему опущена на грудь; глаза, с дрожащими над ними бровями, притупленно смотрели на землю. В задумчивой фигуре его, как словно машинально идущей по дороге, заметно было присутствие одной только мысли, которая отталкивала все, что до нее ни касалось. Он ускорял, однако ж, шаг по мере приближения к цели.

Мы вошли в деревню в ту самую минуту, как в околицу вгоняли стадо. Оно бежало к нам прямо навстречу и еще больше усиливало движение, которое я заметил издали. Бабы, ребята и девчонки поминутно перебегали нам дорогу: их точно держали до сих пор взаперти и вдруг разом всех выпустили. Все стремились к освещенной половине деревни и направлялись к одной избе, у ворот которой стояла уже порядочная толпа. Рев, блеянье, топот, крики старух, которые загоняли коров и овец, не позволяли мне расслышать говор народа, толпившегося у двери избы; раз только с той стороны послышался мне как будто глухой сдавленный вопль нескольких голосов.

- Савелий! брось лошадей-то! старик умирает! - быстро проговорила какая-то баба и еще быстрее пронеслась мимо.

Савелий постепенно ускорял шаг. Из избы явственно уже теперь приносились вопль, крики и голошенье; когда отворяли дверь, можно даже было разбирать слова и узнавать голоса. В толпе, теснившейся у избы, все горячо и торопливо говорили. Когда мы приблизились к воротам, все смолкли и обратили любопытные глаза на Савелья.

Под навесом ворот жались полдюжины овец и две коровы; в общей суматохе они были забыты хозяевами. Савелий остановил лошадей, сделал шаг, с очевидным намерением отворить ворота, снова вернулся к лошадям, начал было их разнуздывать, но отчаянный вопль, вырывавшийся из избы, отнял, видно, у него последнюю твердость: руки его опустились, он тоскливо замотал головою и пошел к низенькой боковой двери, которая вела в сени. В толпе с особенною какою-то торопливостью дали ему дорогу.

XXVIII

Мне никогда не случалось присутствовать при последних минутах умирающего. Смерть действует особенным страхом, когда дело идет о знакомом человеке. Мимо чувства сожаления, возбуждаемого сознания вечной разлуки, душа в этих случаях невольно содрогается при мысли, что существо, лежащее теперь бездыханным трупом, вчера еще говорило с вами; я слышал звук его голоса, он и теперь еще явственно как будто раздается в ушах моих; я делил с ним мысли и чувства, видел, что жизнь наполняла его до тончайшей фибры, - и вдруг все это смолкло, остановилось, кончилось навсегда, и никогда, никогда больше не возобновится! Жутко...

Я окончательно смутился, войдя в сени, битком набитые плачущим народом. Посреди протяжных причитаний выходил иногда вопль, который, как ножом, надрезывал сердце. В избе было еще теснее: не было решительно возможности подвигаться вперед. Бабы с грудными младенцами на руках стояли даже на лавках; печь и полати усеяны были головами, все жались и тискались. Вопль был так силен, что с трудом можно было заставить понять себя, говоря громко на ухо. В толпе то и дело попадались распухнувшие красные лица, с зажмуренными глазами и раскрытыми ртами, из которых вырывались пронзительные крики. Большая часть баб стояла крепко обнявшись: положив голову на плечо друг дружке, они мерно раскачивались под такт унылого, размеренного голошенья.

Мне тогда не был еще знаком обычай нашего народа спешить наполнить избу. умирающего и выразить скорбными возгласами то уважение, которое имели к нему при жизни. В первую минуту, признаюсь, мною овладела даже досада. "Чего им здесь надо, - подумал я, - чего они не видали? Человек не успел умереть, и вот все набились в избу и кричат во все голоса, что он умер! Ему и без того, быть может, тяжко расстаться с жизнию, а они не перестают напоминать ему о прожитом счастии, об осиротелом семействе!" Но почти в ту же секунду мне пришла следующая мысль: поспешность эта выразить свое отчаяние, поспешность, часто преждевременная и с первого взгляда возмутительная, не показывает ли, как мало вообще народ избалован надеждой? Он не привык обманывать себя успокоительными мечтаниями; он отдается своему горю без размышления, и не потому ли кажется оно ему неизбежным. Я окончательно примирился с воплем, раздававшимся подле умирающего, когда вспомнил, сколько было у него близких и родственников: они, конечно, не могли достаточно оплакать его кончину.

До сих пор, сколько я ни старался пробраться вперед, передо мной мелькали только головы, и впереди виднелся темный угол избы, в котором тускло мерцало пламя желтой восковой свечи, прилепленной к образу. Прежде всего я различил колени умирающего. Меня с ног до головы обдало холодом: сам не знаю отчего, но мне не так тягостно было увидеть его самого, как увидеть эти недвижные, выступающие острым углом колени. В ногах пахаря сидела жена его, древняя старуха, как и он сам. Обняв руками шеи двух замужних дочерей, которые рыдали, как безумные, она бессильно свешивала голову то к одной на плечо, то к другой. Платок, покрывавший ей голову, бросал густую тень на лицо ее; изредка слабый стон вырывался из впалой груди старушки. Она сама как будто умирала. Подле стоял старший сын, такой же видный мужчина, как Савелий, но только смуглее его. Прислонясь правым локтем в стену, закрыв правою ладонью лицо, он был недвижен, и только тяжкие вздохи приподымали могучую грудь его. По другую сторону находился Савелий. Он стоял на коленях; кудрявая голова его лежала на обнаженной руке, вытянутой вдоль соседней лавки. Все убивались над стариком, как над бесчувственным трупом покойника; а между тем предмет их скорби боролся еще с жизнию; глаза его были закрыты, но грудь время от времени высоко еще подымалась.

XXIX

Он лежал под образами, на лавке, устланной соломой. Голова его покоилась на снопе овса. Длинные серебристые волосы старика не раскидывались в беспорядке, как у человека, который судорожно, отчаянно борется со смертию: они спускались мягкими волнистыми прядями вдоль худощавых щек, покрытых мелкими складками и тем смуглым, черствым отливом, который накладывает жизнь, проведенная на воздухе во всякое время года: в холод, зной, дождь и ветер.

Я стоял в двух шагах и мог различить мельчайшие черты почтенного лица его. Оно поражало своим контрастом с лицами, меня окружавшими: сколько истинной, неподдельной скорби и безотрадного отчаяния виднелось на последних, столько же спокойствия написано было в чертах умирающего старца; нет, никогда потом, нигде и никогда не встречал я такого тихого, такого кроткого выражения! Ясно, между тем, видно было, что смерть не отняла еще у него полного сознания: мысль как бы просвечивала сквозь закрытые веки его и озаряла черты его; он должен был слышать все, что вокруг происходило: слышал вопли родных, слышал страшные слова прощанья, слышал раздиравшие сердца возгласы двух дочерей, умолявших его не покидать их, пожить еще с ними; слышал глухой плач Савелья и горькие всхлипыванья старшего сына; но мысль, оживлявшая черты его, не принадлежала уже, видно, окружавшему его миру. Ни одна морщинка не показывала душевной, внутренней тоски. Он как будто засыпал в поле после трудового утра и, отходя постепенно ко сну, сладко прислушивался к пению жаворонков, которые заливались в вышине небесной...

"Так вот смерть!" - думал я, пристально всматриваясь в лицо его. Я видел смерть в первый раз; но мне страшнее было слушать вопли, страшнее был вид живых лиц, обезображенных отчаянием, чем вид самой смерти. Страшный, ужасающий образ, который представлялся моему воображению всякий раз, когда я думал прежде о смерти, исчезал постепенно, по мере того, как я всматривался в кроткое, покойное лицо пахаря. Мне стало казаться, что в том трепетном мерцании, которое разливала свечка над изголовьем умирающего, стоит не страшный, ужасающий образ - нет! но ясно улыбающийся ангел, который ласково простирал вперед руки и тихо двигал белыми лучезарными крылами...

XXX

В одну из тех минут, как я напрягал зрение, чтобы уловить на лице пахаря отражение окружающей его скорби, в дальней части избы нежданно стихли вопли. Послышалась давка, и несколько женских голосов прокричало: "Пропустите, касатики! пропустите дедушку Карпа... дайте пройти! проститься хочет!..." Я посторонился вместе с другими и дал место седому, низенькому старичку.

Это был родной брат пахаря. Хотя между летами того и другого считался только год разницы, но Карп смотрел уже совершенной развалиной. Он давно оставил полевую работу, перемогался со дня на день и в последнее время проводил жизнь на печке, изредка выходя на завалинку, чтобы погреться на солнце. Крошечное лицо его изрыто было морщинками; каждый трудовой день провел как словно на нем черту свою. Ноги его дрожали; руки тряслись; голова, на которой оставались по бокам редкие клочки волос, ходила из стороны в сторону. Он, очевидно, дрожал не от волнения, но от дряхлости.

В тусклых глазах, устремленных на брата, не было пока заметно замешательства. Он подошел ближе, медленно перекрестился и сказал:

- Эх, Иван, Иван! чаял я, поживешь еще с нами...

Рано, Иван, ты нас покидаешь!

Страшный вопль двух дочерей умирающего перебил старика. Они

120

нежданно оторвались от матери, которая бессильно опустилась мужу на ноги, и бросились обнимать отца. Савелий и старший брат его громко зарыдали. Тихая мысль, освещавшая лицо умирающего, стала как бы потухать. В чертах его, дышавших спокойствием, изобразилось вдруг тяжкое томление. Голоса родных точно в первый раз нашли дорогу в его сердце и возвратили его на минуту к действительному миру. Глаза его остались, однако ж, закрытыми и грудь по-прежнему подымалась ровно и медленно.

- Бабы... полно вам!... - проговорил Карп, прнтро-гиваясь к племянницам. - Савелий, Петр, вы бы их удержали!., ему и без того жаль с вами расставаться... пуще воем-то душу мутят... оставили бы... будет еще время убиваться-то!... - Петр и Савелий подняли сестер и отошли к ногам отца. Лицо умирающего постепенно вытягивалось и принимало грустное выражение. Грудь его приподымалась теперь едва заметно.

- Эх, брат Иван, - произнес неожиданно Карп, и, я заметил, голос старика задрожал сильнее, - в какое время ты нас покидаешь!... Встань, Иван!... Погляди-ка поди, весна на дворе; наши ведь все пахать поехали...

При этом каждая черта умирающего наполнилась вдруг выражением страшной тоски. Веки его, начинавшие уже углубляться, дрогнули, слегка раскрылись в углах и пропустили две крупные слезы. Они медленно потекли по морщинам и, видимо, казалось, застывали на холодевших щеках его... Светлые струи ручья многие годы оживляли долину. Тихо журчали они, отражая и небо, и зелень, и мирные окрестные виды; но время открыло скважину в русле: ручей заметно мельчает; тускней и тускней делается его поверхность, и наконец он вовсе пропадает, оставив темное земляное дно, в котором не блеснет уже никогда луч солнца!

Так и жизнь невидимым путем своим покидала старого пахаря. Грудь его подымалась все реже и реже; мертвенная бледность покрывала черты его. До сих пор душа все еще как бы носилась над чертою, разделяющею земную жизнь от загробной. Она тревожно, хотя постепенно слабее и слабее, прислушивалась к воплям и крикам; но вот стала она переходить роковую черту... Лицо старца снова стало приобретать спокойствие и ясность, и, казалось мне, в трепетном мерцаний, разливавшемся над изголовьем пахаря, снова являлся улыбающийся ангел, который ласково простирал к нему руку и тихо двигал белыми лучезарными крыльями...

XXXI

Прошло два дня. Я шел уже отдать последний долг пахарю.

Не помню, чтобы было когда-нибудь такое тихое, такое ясное утро. Ни одна тучка не омрачала неба. Какой-то мягкий, янтарный блеск разливался по всей окрестности, и не было, казалось, такого затаенного уголка, куда бы не проникал луч солнца; а между тем ранний час утра поддерживал прохладу в воздухе и сообщал свежесть полям, холмам и рощам. Роса сверкала повсюду. Листья были недвижны. Изредка под тем или другим деревом раздавался шорох и слышалось, как била по листьям катившаяся капля росы. Но как звонко зато распевали птицы, каким жужжаньем, писком и чиликаньем наполнялся недвижный воздух! Все, что имело только крылья, собралось как словно праздновать в это утро. Кузнечики, как искры, сыпались под ногами, и жаворонки неумолкаемо заливались по обеим сторонам дороги, которая вела из дома в деревню.

Но зрелище, ожидавшее меня там, сильно противоречило веселой, улыбающейся картине утра. Я вошел в деревню, когда совершался вынос. Я увидел густую толпу народа и над нею, несколько дальше, белую верхушку гроба, которая сияла на солнце и медленно раскачивалась из стороны в сторону, как бы посылая прощальные поклоны избам и зеленеющим нивам. Погребальное шествие, сопровождаемое толпою и подводами, скрип которых заглушался рыданиями сидевших в них баб, стало опускаться к лугу. На нем изгибалась дорога, которая вела к приходу.

Достигнув точки, где начинался скат к лугу, я встретился с одним из самых древних стариков деревни. У пего, как видно, недостало сил идти дальше за гробом; он провожал его глазами и крестился. - Прощай, Анисимыч! Прощай... Скоро все там будем! - сказал он, махнул рукою и медленно побрел к избам.

Прежде чем подняться в гору, скрывавшую приходское село, погребальное шествие остановилось. На этом месте, по обеим сторонам дороги, кругом покрытой мелким кустарником, возвышаются два столетних тополя: они обозначают наши границы с соседскими землями. Здесь обыкновенно в последний раз прощаются с покойниками. Вопль и голошенье, заглушаемые говором, раздались сильнее. Народ тесно жался вокруг гроба, опущенного на землю. Каждый хотел проститься с пахарем. Я подошел ближе. Но мне не удалось уже видеть почтенное лицо старца: оно было закрыто; наружу выставлялись одни смуглые, загоревшие руки его. Каждый из присутствовавших подходил к гробу, кланялся в землю и целовал эти смуглые, честные пальцы, которые в продолжение семидесяти лет складывались только для труда и для крестного знамения. Наконец обряд прощанья кончился. Гроб, приподнятый на плечи носильщиков, снова озарился солнцем. Родственники, истомленные продолжительными слезами и скорбию, усажены были на подводы. Мы стали подыматься в гору, постепенно удаляясь от толпы, которая стояла у тополей и провожала нас глазами до тех пор, пока гроб не совершенно скрылся из виду.

XXXII

К полудню я возвращался один по той же дороге. Окрестность так же радостно сияла; птицы так же весело пели. Но веселость, царствующая иногда в природе, тем именно разнится от веселости города, что она не отуманивает головы, не развлекает мыслей. Напротив, ясность, вас окружающая, как бы передается вашей душе и вашим мыслям.

Когда я пошел к двум тополям, свидетелям прощального обряда, там давно уже никого не было. Под листьями, палимыми солнцем, жужжали только насекомые; луга, холмы и рощи погружены были в сонливое молчание жаркого майского полудня. Пройдя еще несколько шагов, я увидел в кустах, растущих вправо от дороги, пук соломы и на нем черепки глиняной кубышки. То были последние вещественные предметы, которые напоминали усопшего. Клок соломы служил ему последним ложем; из кубышки черпали воду, которою обмыли его похолодевшее тело.

Я не знаю, что лежит в основании обычая оставлять эти предметы на дороге, по которой в последний раз проносили покойника; в обычае этом есть, однако ж, что-то трогательное... Грустно настроенный посреди сияющей природы, я долго стоял под тополями.

"Вот, - думал я, глядя на черепки и солому (эти последние и уж точно ничтожные, бренные памятники столь долгой жизни), - вот и месяца даже не переживут они: ветер разнесет солому, прохожий растопчет черепки, и никакого даже видимого следа Не останется от старого пахаря!..."

Но что до этого! Стоит ли думать об этих бренных, вещественных, грубых напоминаниях! Не оставил ли пахарь другого, более прочного воспоминания!... Существует еще что-то лучше памяти, основанной только на вещественных знаках. Есть память другого рода: она основана на душевных свойствах, на нравственных заслугах оплакиваемого человека. Такая память - высшая поэзия нашего нравственного мира, и старый пахарь вполне ее заслужил. Кроткий, смиренный образ его - оболочка души прекрасной и чистой - останется, навсегда останется окруженный любовию и уважением тех, кто знал его, жил с ним и умел понимать его. Не лучшая ли это награда, и не самый ли это яркий, прочный след, который можно после себя оставить?...

Да, старый пахарь, несмотря на то, что жизнь его казалась нам, гордым мира сего, такою ничтожною и мелкой, старый пахарь заслуживал такую память! Благочестивая жизнь его прошла в труде беспрерывном, неусыпном. Он, пока жил, сделал все, что мог, и сделал все, что должен был сделать! Нет нужды и не место разбирать здесь его общественное положение, смиренную сферу его деятельности и скромные результаты этой деятельности. Нравственный смысл нашего рассказа исключает понятие о личности: здесь дело идет собственно о "человеке". Целью нашей было сказать, что с точки зрения высоконравственного смысла тот только "человек", кто в сфере, предназначенной ему судьбою, недаром жил на свете, кто честно и свято исполнял свои обязанности, кто сохранил чистоту души, про которого можно сказать без лести и пристрастия, что он сделал все, что мог и что должен был сделать!

Пускай же истлевает солома, служившая старцу последним ложем, пускай глиняные эти черепки превращаются в прах, как и кости его: из памяти моей, как из памяти всех смиренных людей, которым он сам, не подозревая того, служил советом, образцом и примером, - долго не изгладится честная личность старого пахаря!

СПИСОК

www.ingramcontent.com/pod-product-compliance
Lightning Source LLC
Chambersburg PA
CBHW020703260626
47157CB00008B/3117